雲南雜誌社廣告

（十五號已出）

調查詳確議論正大久爲全國學界所公認不待贅呈而每號多譯載英法越緬關於滇桂之重要書報揭載駐法英越緬訪員之重要信件西南外患燎如觀火尤於祖國報界中放一特別異彩計全年十二册報資二元半年六册報資一元一角郵費每册一分凡欲購者均可向河南雜誌社或其代派所訂購抑或直接向本社函訂尤妙至滙兌不便之處用中國或日本郵票訂購亦可但須增收十分之一此佈

日本東京神田駿河臺西紅梅町六番地

雲南雜誌社謹啓

晉乘廣告

本社六大主義一發揚國粹二融化文明三提倡自治四奬勵實業五收復路鑛六經營蒙盟議論精實深邃逈非浮夸皮傅者所能企及其中研究國語闡釋古學者諸篇尤爲空前絕後之作文藝一欄更能滌舊革新獨樹一幟咸有裨益社會之文不類無關時世之作誠文明時代無雙之饒將雜誌世界唯一之霸王也第一二號出版後大受社會歡迎三號現己付梓不日出書識時之傑有志之士曷一覽焉如欲訂購者祈逕函達本社或向雲南四川河南夏聲諸雜誌社訂閱皆可

每册一角四分半年六册七角全年十二册一元二角

日本東京神田區仲猿樂町五番地

晉乘雜誌社

關隴雜誌廣告

（第三期已出）

關隴爲西北鎖鑰。天然占優勝之形勢。其存亡得喪。在歷史上地理上。罔不與神州全局有絕大之關係。況自俄人受挫遼陽後。廻風西轉。撼我崑侖。西北急警。日緊一日。本社同人。既切桑梓之危。復深祖國之痛。爰自忘其愚。矢移山志。組織斯報。專以提倡愛國精神。濬瀹普通智識爲宗旨。其於强俄在西蒙回疆之舉動。及關隴與吾國全局關係之點。尤特別注意。發揮靡遺。凡留心西北情勢者。幸垂覽焉。

日本東京麴町區飯田町五ノ三六

關隴雜誌社啓

四川雜誌各代派處

成都四川雜誌社支部	四川省城學道街志古堂轉邵明叔
重慶本社支部	四川省重慶城督郵街廣益書局
嘉定寶善書局	四川省嘉定府城內土橋街
榮縣閱報社	四川省榮縣城內西街洪春店丁厚扶
大竹書報社	四川省大竹縣城南門內
康子猷君	四川省會理州城內
陶懋辛君	四川省夔州府公立中學堂
光裕公號	四川省資州城新正街
吳恩洪君	四川省忠州東門外泰興正號
敘府劉春和	四川省敘府大南門外
永順堂號	四川省綏定府河街
美興公號	四川省打箭爐
何成瑜君	四川省甯遠府昌西官小學堂
周代本君	四川省廣安州學務局
黄石書君	四川省永川中學堂
洪芝生君	四川省合江縣城外上街洪森盛

四川雜誌廣告

登岷 峩之巔以 矚中國西南半壁 六詔危 兩藏急蜀之 形勢險 殆極矣而 地屬邊陲 民智錮 蔽釜魚 幕燕其樂方 酣本社同志 怒焉 傷之爰組織斯報 以餉邦 人其主義 在輸入 世界文明 研究地方自治經營藏 衛領土開拓路 礦利 源就此等 問題切實 發揮和平 鼓吹使我蜀國同胞 起作 神州 砥柱噫秋色 蒼茫海 天萬里 云誰之 思西 方美人我 七十萬 伯叔兄弟 諸姑姊 妹其 亦將聞 風而起乎 全年十二 册零 售每册 貳角訂半年者 一元一 角全年二元 郵費 另加

日本東京麴町土手三番町七番地

四川雜誌社啓

江西雜誌廣告

莊周有言。泉涸則魚相喣以沫。而相忘於江湖故鳥之將死其鳴哀心所謂危必以告本社同人慨故鄉之不競傷來日之大難願同長吉之嘔心肝不避孫卿之譏口耳剌取所學組一雜誌顏曰江西專以導引文明濬發民智鼓吹地方自治圖謀社會公益嗟夫、歐風東捲國步艱危江西處揚子江流域潮流震盪日益劇烈而日本朝報聲言欲括諸州權利南潯軌線延緩徒勞數載工程渺渺章門沉沉黑獄廬山黯其無色贛水咽而失聲於人曰浩然安得文山之氣問天其何意太息若士之詞言之不文惟以告哀邦人諸友其或有取於斯

江西雜誌社啓

武學雜誌

我國重文輕武之風。沿爲痼習。苶然疲役。不知所歸。舉國上下。矜尚文弱。久不研究武學。且鄙棄軍人爲不足道。至今列强交迫。日甚一日。非賴鐵血。終爲淪亡。黑奴紅夷。滅種不遠。波蘭印度。刼火猶新。前車可鑒。萬難幸免。玆得軍界留學諸君。集合同志。組織一武學編譯社。編纂軍事各種新書之外。月出武學報一册。譯著精確。議論嶄新。振愛國尚武之精神。洵起死回生之丹。亟願我帝國男子。人手一册。而性命之。則我中國之興强也。如湧海之旭日

北京前門外虎坊橋
總發行所　北洋陸軍圖書編譯局
日本東京麴町區元平川町五番地
通信處　武學社

夏聲雜誌出版廣告

劉覽中國四千年建邦史古代文明盛稱西北炳炳蔚蔚宏我漢京祖宗之光亦我同胞之榮也時轉勢移舊態全更比者日俄戰爭結果斯拉夫民族視線頓轉蒙彊隸於範圍陝甘危在旦夕破竹勢成全國是處哀我秦隴尙安枕席大地河山鎖殘春夢黃河奔瀉而失聲華嶽滲淡以無色馬嘶邊草逐胡空憶廉頗之才人泣秦廷憂國徒灑包胥之淚同人鑒玆痛祖國之沈淪念桑梓之危急用是組織此雜誌月刊一册其主意在經營蒙疆防衛西北助我同胞之不逮而以開通風風瀰除弊俗**發揮固有文明灌輸最新學說鼓國民獨立之精神** 爲宗旨競芳英各以所得爲社會益智棕爲國民導海鏡誠開闢西北之巨斧醫國聖手亦可藉此作病源論矣第一期已出版閱者曷爭先睹

日本東京小石川區第六天町四十番地

夏聲雜誌社啓

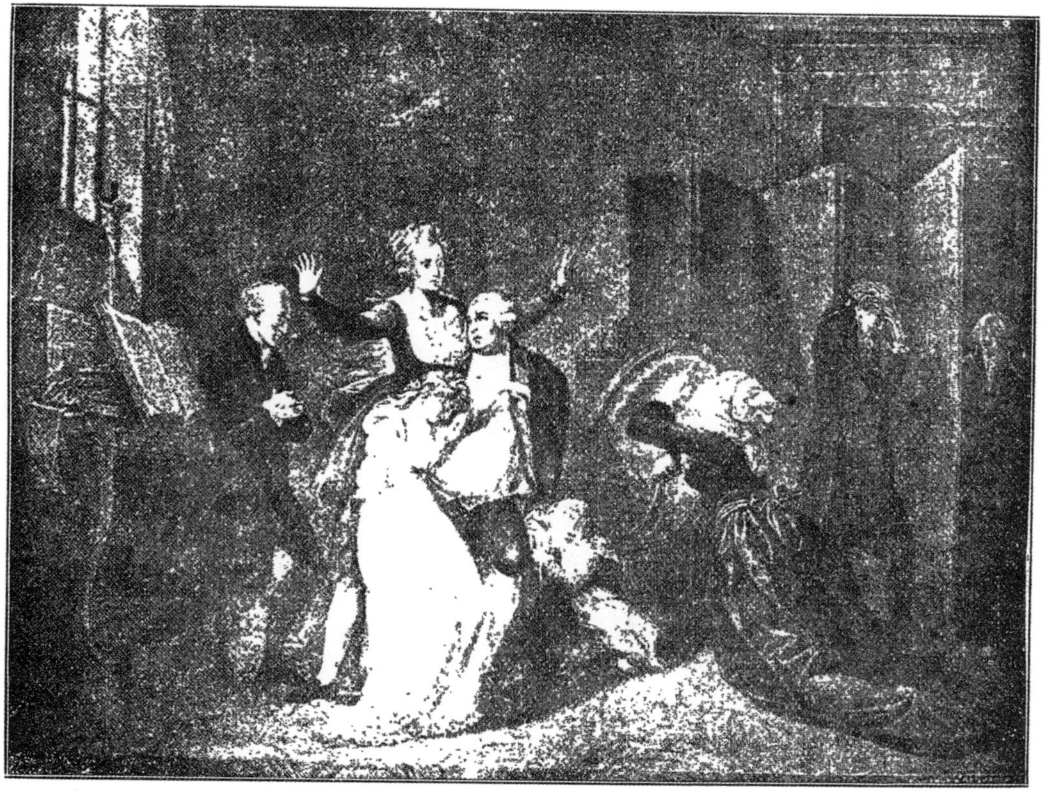

願世世勿生帝王家

前圖。乃法國革命時、法王魯伊十六全眷、置于獄中之景況也。愁眉不展。歛坐于椅上者。卽魯伊十六。立其背後。張手驚惶。似新得惡耗者、其后梅李、倚于膝前。依依戀愛者乃。魯伊十六之女、棻霞公主也。可憐之幼子。膝伏于其父之椅側者。太子魯伊十七。魯伊十七之右。長跪而禱莫須有之慈悲上帝。以乞生命者。魯伊十六之姊伊利沙伯公主也。圖左一人。卽內庭供奉之教士圖右爲侍從克雷利。克雷利氏之右。隱約似有人影、聚立門外者。則革命黨所派監守之市官。

古戰場

論著

中國聯省之獨立與北美合衆之獨立難易比較論

南俠

概論

進化之論愈演而愈新民權之說日倡而日甚吾黨攷察世界之民族綜觀古今之政變未嘗不廢書三嘆焉以吾亞洲之民族性天之良道德之美絕對的可駕乎歐美諸州之上乃何以由部落而封建由封建而帝王政治之變日增野蠻民族之權愈趨喪失以視乎歐美民族之進化已瞠乎其後此何故歟盖歐美之開化文物之盛遲於亞洲當其羣居聚處時固完全一平等之性質而尊卑貴賤之說無由中毒於人心雖其後漸就於專制而草野豪傑又不惜生命以與之爭新聞也雜誌也演說也古今一致鼓吹不休故自由行動之權注射於腦中流行不息非洲之黑

奴北美之殖民亦能揭自由獨立之旗成強大之國於世界矣吾國當三皇五帝之世非猶是今日歐美之時代乎唐虞以前雖無史書之可攷而唐虞以後雖有政府君主之名而揖讓之隆歷山老農且可升爲天子以至謗木之設木鐸之詢芻蕘之採固儼然一民族政府時代縱令降自衰周君權日重而究不失爲立憲君主時代其間名儒輩出主張民權之說何嘗稍懈故孔氏曰斯民也三代所以直道而行之人也孟氏曰民爲重社稷次之君爲輕下至諸子百家雖議論岐出莫可窮其究竟而保全民權之宗旨固皆異轍而同歸假令自茲而後倡和不休吾知民族之發達當未有艾也乃不冀奴輩王蠋倡言忠臣不事二君烈女不更二夫於是自由平等之權遂受壓制於君主之下梏械其身心束縛其思想相率天下之人而趨于詐僞至宋儒則已極矣雖有一二識時之豪傑因人民之憤怒起而爲天下倡言傾覆之謀然不過易姓易朝而毫無共和之思想甚且變本加厲以毒酷之手段而箝制夫斯民君權之尊重高出蒼天民權之墮落深入黃泉激烈派則懸首於菜市放棄派則消遙於詩酒旁觀派則嘯嗷於林泉由是吾民之氣日弱吾民之權日喪而外來

賤種遂乘虛而入蹂躪我土地奴隸我民族握攬我政權及其末路而吾民中猶戴之不忍去嗚乎此非我漢族自取之咎歟自歐風美雨交迫而來進化之機幾神妙莫測何者專制之淫威剝奪其自由平等之權而制民族之生命和之者則陷以金錢爵祿背之者則制以監禁死刑及黑暗達於極點於是全體人民始爲之一動强有力者握炸彈懷匕首徑行孤義以挺而走險欲得其渠魁而甘心又或思想文辭高於儕輩利用新聞雜誌以鳴其不平下至超時之士假和平解決之術以法律以道德以秩序而轉移政府之野心始而曰民選議院旣至曰開國會君位雖萬世一統不得侵犯而一般人民亦稍有與政之權是謂立憲君主然而君主旣爲九五之尊人民遂有服從之責曰敕令曰御前會曰招集解散曰不通過納稅當兵人民負其義務生殺予奪一家操其主宰不自由毋甯死此非歐洲立憲時代之名語乎由是以革命之手段流血之精神破坯一家之私有權而公諸萬衆取消帝王之名而公舉大統領涖位五年實爲公僕去留生死之權操之於萬民是謂共和政體然而選舉之權視乎租稅之多寡由是富有金錢者得操議院之全權貧無立錐者難行

積極之運動奸商擅帝王之毒富室擬貴族之尊其不自由亦已甚矣世之學者心理的研究取消統領之職一空政府之名釋兵卒而農於野毀議院而廬其居分富室之金使與貧民享平等之資格燦哉自由花美哉自由神是謂社會主義噫歐美之進化既有此三大變而將來則尤未可擬議其民族腦力之强何其如此之速乎凡吾同胞近代以來頗能吸取歐美文明之思想然而下手方針則猶未一致主張立憲者則取法英日主張革命者則取法于法主張獨立者不取法於德則取法於美皆能持之有故言之成理不可謂民族之無進步也雖然吾竊有說吾嘗希望吾國之解決最注意於社會主義然進而默觀時局攷察人情亞洲之大似難驟底乎完備財源既無發達之基工業又無粗淺之識時勢使然是不能不少輸一籌也然而取法于英日則絕對的不能承認何者英日君權之重實爲世界之特色其中央集權之禍此固盡人知之玆不贅論但我國民族深中專制之毒亦已久矣近日以來恢復民權之思想日益膨脹使無異端邪說以阻撓於其間則爲天下樹獨立之旗必意中事外族雖智安能長据吾民之上乎是以生於今日聞有談立憲者莫不

認爲公敵且欲抽刀而殺之惟恐其毒之傳染吾民之腦也若夫法蘭西革命之初轟轟烈烈創世界未有之奇局盧棱羅蘭夫人之對內拿破崙之對外至今思之猶令人聞風興起然其最後之結果究不過易姓易王而終不出王權之範圍此則殊可引爲殷鑒耳吾故曰取法于法取其革命之手段則可取其善後之法典則不可想吾最親愛之同胞當不以吾言爲謊也至於獨逸聯邦近似共和政策然合諸侯而舉代表普魯士遂執各邦之牛耳故其制度究無異一姓而王此種現象觀乎衰周時代五霸之爭雄已大同而小異吾國之改革有斷不可取法者此吾之所以反對於分疆劃界之流不遺餘力深恐中此流弊也嗟嗟吾嘗默窺吾族之性質及吾國之形勢以及今日之現象將來之結果上下古今瞻顧前後則非取法于北美合衆國之獨立不可今請將北美合衆獨立前之現象獨立時之手段獨立後之維持而證吾國聯省之獨立比較其難易不惜憔神爛舌而言之

北美合衆國獨立前之現象與中國之過去

夫人生最難經過之時代莫如內憂外患交迫而來時代慷慨激昂之士鬱抑而爲

不平之鳴平居則浩嘆哀吟出身則呼號奔走言論過激則警察隨其後謀事不密則偵探隨其身發難不愼則兵隊掎其背用心雖苦究與血氣用事者同歸於失敗之塲是之謂僨事反是畏葸之情甚深趨避之術大熟不曰大事已不可爲即曰留身以有待不曰激烈之僨事即曰和平可以解決卒之時不我與勢無可乘屹屹窮年終靡建設之事甚且作法不良而爲天下之禍首是之謂亂事夫惟養氣以待時澄心以觀變羣疑衆謗之沓來談笑以釋之外禍內變之交迫從容以鎭之狃之使不吾疑寬之使不吾慮苦心孤義着着可爲獨立之建設及身而能爲也當措之念裕如及身而不能爲也後起者亦有可所藉手是誠不愧爲實行家也故哥崙布發見美洲而後遂爲西班牙和蘭之殖民地繼而佛人來繼而英人至哀哀殖民誰爲之主亦惟視英佛戰爭之勝負而爲寄托生命之方針耳且王室窮聚斂之術知事逞詐僞之謀俄而革命風潮俄而王政復古夫捕魚之術多則魚亂於水殃民之術烈則民亂於下乃美洲之殖民咸能痛定思痛絕不爲無意識之舉動臥薪嘗膽而醉心獨立之謀其振興教育也一千六百三十五年於博斯多倡立學校之議經十

二年之久始克於馬斯沙就先多設立普通學校白人之兒童得受普通之知識而爲他日宣告獨立者非此基礎乎且其後阿巴多氏之將死以其藏書三百二十餘册遺產之半七百五十磅捐爲專門學校之基本金亞美利加大陸最古之專門學校而變爲今日盛大阿巴多大學者非氏之遺留歟其聯合團體也一千六百四十三年馬斯沙就先多與夫夫里馬斯孔列古取加斯多狃阿濱等之殖民而作防守之同盟異日獨立戰爭而爲聯合之基礎皆此同盟之影響也至若養成軍人之資格則因英佛戰爭之驅使遂假手以習其兵機他日獨立堪于戰爭有此訓練故也他如經營疆圉之犂固則尤足見殖民之用心自邪里河畔達於阿巴衣阿河之間建築多數之要砦以揭敵人之進軍而察之即爲獨立時退守之基也自密士西斯泊東岸設立危石驅逐敵人而究之即爲獨立時進攻之基也嗟乎極盛之世即爲召亂之萌格亂之秋非無圖安之術覩乎北美殖民人種之雜居不一族强敵之運動不一國禍變之相乘不一世而卒聯結團體自成社會於彈花砲雨之下汲汲以敎育爲事如固多阿奪之著意思自由論夫郎枯領之倡忍耐成功之說皆足喚醒

民族使之振興耳他如南部殖民地煙草米洋藍松脂油等之輸出北部殖民地魚類皮革鐵材木等之輸出皆能以土產工業之出而易外人之金錢根本之固端賴富强美洲殖民其能脫强敵之据以償其航海索居之勞者非以此乎噫亦難矣哉我國民族果何如乎自二千年漢族衣冠淪於夷狄四四萬同胞奚異伏處於荒洲漢家無主民族獨存雖非殖民性質而無異殖民時代耳然外族雖極王位之尊而日見夭凋零究非若北美殖民之受制於政府也列國環伺强有力者雖日人窺我福建俄人伺我遼東法人謀我雲南英人握長江之利益而究之大河南北長江東西礦產之精鐵道之脈漸得收回猶不失爲乾淨土又非若美洲殖民之受制於英佛而聽其左右政界也此則較北美殖民少易耳且世界民族之繁盛莫如漢族團體之堅牢亦莫如漢族平居既富於守望相助之義臨事亦尙與子同仇之風自昔以來迄乎今日文士結黨武夫立會商人聯帮工人結團山居者强而悍習於弓馬刀劍之術且以所尙而自成村落水居者智而勇習於游泳乘組之法且以所能而成風氣團體非不固也且泰山爲礦黃河爲帶興安嶺以扞俄葱嶺以扞英下至殺

函之固阱陘之險足以保全北部而爲退守之區沿揚子江而上則有西蜀連雲之險溯揚子江而下則有鐘山石城之堅以漢口爲重鎮以黃海爲戰場足以保全南部而爲進攻之計形勢非不險也況乎自唐虞以來即趨重於學庠序校之設數紀而不更縱令降自衰微已成文敝而道德之心廉恥之事確高乎世界一籌且近來學校之設無論公私幾遍於十八行省政府雖握敎育之名而布施措置究之我族已握其全權我有子弟我族自敎之外來賤族固不能染指亦不敢不搖尾乞憐於我族者此敎育非不發達也昔也則重騎射彼族之充當兵役者實多繼也則改綠營漢族之編入士卒者已不少數年來駐防已將盡撤而三十八鎮將遍於中原誰非黃帝之子孫誰無恢復之思想能長爲奴隸反刄以戕同胞乎且彼族既握我之政權而爲之扞邊圉者猶恃我之族類彼族防窃我之兵柄而爲之出糧餉者獨恃我之糟運其不平等亦已極矣雖然常備之法行吾族皆負當兵之義務即吾族皆有能戰之資格此兵力非不强也下至物產之涉中國且爲五洲之冠西北之產驢馬東南之產穀粟以及四川之原漆江西之磁器湖南之絲茶湖北之鐵產山西河

南間之銅鑛江浙之魚類布帛等皆世界各國所不及工業漸次發達商務亦迭見振興財源非不廣也由此觀之吾族之心思財力固不下乎北美之殖民然而吾民猶若少安毋躁者果何爲也耶意者以海軍猶未恢復耶美洲殖民習於航海之術故其整頓海軍也殊爲事實上之不難我國自甲午以還全軍覆沒旅順口政府徘徊觀望是或別有肺腸亦絕不可存希望之思想吾族欲爲興復海軍之策詢非易事然地大物博田園都市不鮮富豪長江上下沿海東西以及南洋羣島中實多富商大賈倘集資合股則郵船會社之組織當不待崇朝無事則便於交通有事亦適于戰鬭況乎留學海軍者之不乏人也是故吾族獨立以實驗之則易矣以時攷之則可矣然而猶未能全體一致者得毋人心之死居其多數耶如其不然則可與之言美洲殖民之獨立

北美合衆國獨立時之手段與中國之現在

吾祖國面積之寬幅員之長行省之多豈下於北美殖民地之十三洲乎文物之盛人材之衆思想之高豈無華盛頓其人者乎此吾所以不得不將合衆國之獨立與

吾族聯省之獨立比較而論之耳

一獨立之原因凡人之情大抵喜逸而惡勞厭亂而思治禍患之紛乘不達於極點獨將甘心忍耐而不敢爲反抗之謀即其動也非億萬人離心離德得全體之贊成甚且爲之而無成即能達其目的又或不能收完全之結果此豪傑之爲天下發大難必相機而動也蓋生民之最寶貴者生命也財產也子孫也使爲之政府者不足爲黔黎寄命之人則備邊應募不得享家人婦寺之樂催科聚歛不得充飲食衣服之資且使衣赭衣關三木充於囹圄滿於道路觀國者且爲之寒心而況身受之者乎當此之時不爲樂土之適急則生智自衛之情既切思亂之志必堅其影響之所及當較志士愛國之運動爲更速且大也民氣乎民氣乎非自由花之根株乎吾觀北美自英王發布航海條例以來久爲殖民之阻害及喬理三世即位假兵威以迫之命官吏以行之於是市民皆立於反對之地位加之英佛戰爭之際英王不待殖民之請求已意獨行派兵一萬迄其後兵事終了且欲自殖民地人民而徵收其兵費政府之手段恐殖民以英國固有之憲法英儒之倡言以殖民如小羊雖翦其毛

而不至露其齒牙於是遂有印紙條例之發布又玻璃顏料紙類及茶等皆課其稅於是又有新租稅法之發布政府之虐政日多殖民之激昂愈烈狃育之會殖民呼曰自由乎財產乎印紙非我所求也博斯多之會投其茶於海曰茶者適於海水乃英王無悔過之心且派遣四聯隊到美欲行其壓制之謀然而市民之攻打印紙局如故也反抗兵力如故也殺戮官吏如故也此獨立最初之戰即世所謂博斯多之虐殺以至輕古街頭之白雪血染而紅而英王之派兵獨未已故殖民最後之決心則惟在于宣戰巴多理斯氏之言曰最早之希望已無餘地惟最後之決戰苦矣哉殖民勇矣哉殖民誠令人崇拜不置也今政府之對我族果何如乎房屋人口有稅田地有稅出產有稅出口有稅落地有稅地大也則立糧房漏卮也則立關卡徵收局釐金局之名目不一而足糟督糧道督催之之官吏日肆淫威催科之聲聞于道路轉輸之苦幾無日夜一經水旱哀哀待哺之民轉徙無所其老弱之死於溝壑者已不知凡幾是不足以寒心乎且外來之族日食萬錢漢族之賊又從而中飽之始則賣官鬻爵受賄行賂百出其途以爲之繼則賣鐵路賣礦山賣地皮以開門而延

盜近年以來朝野之官吏幾皆販夫豎子而四郊之內任碧眼黃髮兒以躍蹂之吾族有不平者遂釀成教案殺人者死既有明文而賠欵之巨又多方以取于吾族去歲江浙爭路之風潮誠吾族天良之發現乃彼政府遂欲壓之以兵力其淫威之所至較之英之對美有過之無不及而獨欲借國步艱難以及賑災恤民之尺寸詔書以籠絡吾民其誰信之哉吾族之與彼强已絕無恩義之可感使吾民中非富於亡國奴之性質者稍有血氣莫不思漢驅彼强梁還我河山則請自抗糧宣戰始蓋彼族既不得仰給于吾族則孤立之勢已成生殺予奪當伏首以聽吾族之令令耳不平則鳴此其時乎

一獨立之秩序夫破壞必先言道德道德必首重秩序此誠成功之根本固不可輕心相弔也蓋聚團體而倡言破壞實因人人不平之公理集樂合而舉義旗其目的之所在以擢殘惡劣之政府而求自由之幸福故理直而不曲氣壯而不弱苟在紛擾之場不出於道德上之行動則團體可固衆志可堅以此攻城何城不克以此禦敵何敵不摧乎若夫其起事也無識運動也無謀識者早知其功之不成下至瓦合

之衆以利合而不以義合軍行無紀鄉市不堪其騷擾之憂子女玉帛財產金錢任意以肆行其虜掠則其內容已不可思議是奚能立偉大之業即幸而戰勝不過以暴易暴而已生者思舊死者含冤天陰雨濕過古戰場聞有聲之啾啾知爲無告之殘魂怨魄抱恨終古耳夫惟王者之師義旗一飄即魚鱗雜集而響應血流漂杵竟成快事敵人之前徒倒戈良有以也華盛頓之起也所率之子弟不過一萬八千人訓練不精武裝不備且數州之子弟又皆不一族使無秩序即歸失敗然而卒克成其大功者非華盛頓之力歟然而殖民地人民自乃祖乃宗以來愛自由好政談已成天性故能脫離政府之束縛遠離故國而移住於荒漠之鄉是以獨立行軍時居民安堵非殖民之互相勸勉曷克至此華盛頓之所以爲英雄殖民之所以爲人傑也吾觀中原改革之歷史其種種之怪現狀令人駭聞始而爲羣盜之烏合繼而爲團體之競爭欲望既在金錢行軍復無紀律經一改革而草野爲之蕭條噫拙矣哉今日而言獨立倡之必我漢族和之者必苗回藏其對內也必不可反刄以殺同胞亦不可騷動以害居民其對外也毋傷彼生命毋害彼財產毋侵彼敎民果能如此

獨立即在轉移之間不然成敗已不可必其禍亂亦又無窮則謂之野蠻而已吾願最親愛之同胞愼思之可也

一獨立之組織夫倡言破壞必有建設有建設而後可以獨立此一定之要素也然吾所謂建設者非練兵也非行政也即臨時組織之性質而已大抵集團體而商大事其分子斷不可雜使徒濟月前之急而不深慮其結果則起事之際已既伏禍胎故起原之性質不可不斟酌耳起而爲功名富貴也其結果必爲專制起而爲平等自由也其結果必爲共和專制與共和兩相比較其相去又奚可以道里計耶觀乎美殖民之起也族雖複雜而皆重自治十三州內組織多數議會以立於法律上之自由及大陸會議之組或對於本國議會不送代議士而爲自己會議之組織迄獨立廳成立由是十三州之聲氣已通而宣告獨立矣以此極沈重極壯嚴極勇敢之殖民而得華盛頓以統率之兩無猜疑同以目的而進行者盖在相誓之數言而已十三州誓曰相結爲合衆國永遠不替盟且永遠選舉大統領而實行共和政體此之數語乃殖民之取以獨立而可爲萬國之標準耳嗟乎九州之大非我族固有

之土地乎十八省之饒非我族養生送死之資乎古代以來破壞家不一世相率羣盜而成改革之事史不絕書不可謂無組織也然而爭戰不已推刃以及同仇舊惡雖除新毒又染背叛之舉推戴之事延綿不已非士卒厭戰人民思治而局面不定者非王權階之戾耶私天下於一人聯萬衆而擁一主逐鹿中原不知以天下爲重以致禍變相尋此非吾族自弱之一大原因乎今日而言獨立始在於議會之多設繼在於獨立廳之組織合十八省而誓曰永遠取消帝王之名實行選舉統領方法不替盟不附屬曰自由曰平等且樹其名曰亞細亞獨立之漢族以此號召十八省有不響應者即目之爲漢奸以此宣告萬國有不承認者即視之爲公敵樹自由鐘于中州立紀念碑於泰華我族而不成功者其誰信之耶

一獨立之戰爭居今日而言破壞之事不血一刃不拆一矢誠不可必得之事是故最後之希望而惟流血之一途耳然而帷幄運籌操之有謀縱之有智亦未始不可保全同志之生命此則存乎一心而已華盛頓之率殖民而與英戰也戴帶甲之士僅萬餘人其數已不過英兵三分之一風氣初開新兵會集克約市一戰能戰勝英

軍而擒其將哥瓦利者何其神歟兵凶器戰危事起事雖不可無名而究之在得乎士卒之死心後顧無退縮之心前進有果敢之氣耳觀乎華盛頓之用兵以狃育惠府爲重鎭而實竭畢生之力以爭博斯多形勢固不可不占也然而沈船塞港乘雪襲營甚且草叢樹蔭間不少農夫等發砲之事非萬衆死心決戰曷克至此嗟乎迫則智生人之常情北美殖民已可謂極人世之苦當是之時旁觀者且生愛敬之情故法之貴族日耳曼普魯西之勇士且助之以兵力勇哉殖民偉哉華盛頓我族有不聞風振起者豈復人類耶且夫政府之兵力不及英人之强大八旗子弟雨散星收雖一二巨奸握我全國之兵柄而三十八鎭多屬漢人縱不能不虞其反噬苟處之有道中原之兵變當不待崇朝此固不足深慮也但我族人心尙乏堅忍之力倘悔過有期亦不難驟成勁旅况乎形勢之實有可憑耶

一獨立之義俠軍事振興之際最易掣肘者在乎兵糧使軍需不充則相率之士卒不爲叛亂之謀遂起擄掠之漸即或士卒用命甘苦同黨無論餓殍之卒不能戰勝而其鄉里所殘留之妻子家族將死徙不遑於安處反顧生憂方寸已亂危莫危於

此矣惟富豪大賈見義勇爲解囊出金以補不足其收效之大較之冒白刄入虎穴者當更大也費府銀行莫里斯之助華盛頓斯節羅夫人之助谷里俞一男兒一女俠於敗軍絕糧之日不惜出萬金以餉軍獨立之成功非此數義俠之力歟中國自古多慷慨激昂之士壺漿簞食以迎王師相傳爲美談甚且輸財助邊至破產而不顧降至今日義俠之風猶愈甚而愈堅破產興學者有之出資而爲秘密之運動者有之異日爲天下樹獨立旗飮食衣服之資其得助於富室巨商者當較美之義俠有過之無不及此誠可爲前途慶也事竟功成史書紀載其榮幸爲何如哉

一獨立之國際有競爭而後有强權有强權而後有公理自昔已然於今爲烈是故獨立軍之起也各國起而干涉亦事實上之必然但使行軍有紀對外有道確守文明之規則而爲精神之行動足以奪强敵之魄而潛消其囊括之心否則名爲義旗實爲流寇各國遂有以藉口不難假破壞治安之說而逞其野心其遺慮同胞豈有止極乎華盛頓之與英戰於狼狽敗北之日而得法國之贊成卒使英人寒膽亦不能不承認大陸之獨立雖法國以英之獨吞大陸因此而不平亦未使非崇拜英雄

而有此文明之舉動耳說者謂中國獨立英日俄法必出而干涉之藉維持東洋之名而實行瓜分之政策噫豈其然哉吾觀美之對我民族實具熱脹故近日同盟之說不起原於美之政府而起原于美之國民盖經驗既深因表同情于吾族同盟之事雖未實行觀乎與日協約之成立則以保全中國之獨立領土爲目的異日吾族有起而實行獨立者首先承認必爲美國而不庸疑英俄法日雖欲肆其野心當亦默而不敢逞耳庚子之變以政府之衰懦不堪雖七國聯軍入京亦不能遽滅其國況乎義旗所指不凌弱不畏强以爲一定不搖之主義各國之承認不爲喜其不承認亦不足憂所謂對內對外而圖一最後之決戰我族何所求求一痛決之流血而已我族何所祈祈死戰而已求吾心之安行吾心之是成敗豈其所計及者哉

以上所論美國殖民之獨立如彼中國漢族之可以獨立又如此物競天擇優者勝劣者敗在此一時而已漢族果有人乎實行獨立請自今始

北美合衆國獨立後之維持與中國之未來

世界大勢獨立時則尚激烈獨立後則尚和平浸潤日久以搆成最完備之共和政

體者要不外法律上之自由道德上之行動而已余未治法學且不醉心法學故於各國立法行法司法條例頗不用意吾族獨立之後或相沿襲或相改革當讓諸法學家然而吾猶不能已於言者則以現在學問之所及目光之所注略有意見以貢獻于同胞亦防微杜漸之意也

國之所以搆成共和政體者則在乎議院國事公諸萬衆政權不操之于獨夫合國民之精神才力以護此金甌玉玦安危憂樂上下共之其平等爲何如乎觀乎合衆國上下兩院之組織自表面觀之固相維相繫以保全家國如苞桑然自其裏面觀之徵稅之議案雖皆起於下院然如他之議案上院有決可或增補之權貴賤之途分尊卑之事起美之弊政此其一端而無庸爲之諱者也我國改革之後當化除等級之觀念無貴賤無尊卑無男女一堂會議終始不更則上下院之名可不分而衆議院之立實成完美之政體吾族有不休戚相關者乎此吾對於議院之意見也

王權既已取消統領實行公擧美之立法究有可沿何者一國之立政治國際不能無代表之人使漫無統率將不免于紛乘當此草創之初一經風潮國勢即爲之搖

蕩是故非社會發達大統領之職不能無人耳然而美之選舉以關於租稅之多寡及合計各州人民之多少爲選出人數之差等由是富豪得志貧民含憤運動之術逞賄賂之途開選舉怪狀不一而足有識者且深憂焉我族實行選舉之法當一反乎美之弊政而實行之凡我漢族其成年者無論貴賤尊卑皆當有選舉之權亦必限定吾族而後能當被選舉之職如此等級之平而王權遂滅矣此吾對于選舉之意見也

且大統領者雖爲代表實爲公僕涖位之日首先立誓鐘鳴鼎食何足貴端居拱極何爲尊且生死去留權操之于人奚必用其壓制之手段此吾之所以不解美之國民竭全體之力以運動大統領之職也如必謂實行已之政策也則國民行動雖南面王不及其自由而謂不能達其目的乎至于大統領出而爲其親戚運動尤足令人駭聞者五年滿職之期苟無弊政亦可告無罪于天下周遊列國退老巖泉其榮貴爲何如哉而必爲最後無意識之舉動噫拙矣吾願漢族中國民自重自愛在此一間耳此吾對於大統領之意見也

夫樹國之初首在立法法律家政治家起朝儀談秩序作法而良也百世賴之作法而不良也旦爲禍首是非體察人情觀瞻國勢不可與之言作法耳蓋立憲君主政體法煩而不精共和統領政體法精而又簡法煩者條文複雜奸吏得挾以殃民法精者綱目顯然人民得自由之行動是以立憲國之法律幾汗牛充棟竭畢生之力當不能盡閱其書夫惟美法之簡單幾爲法學家所不道噫何其拙歟吾族古代無法律之可查即赤帝創興亦不過三章之約法降至晚近法紀紛煩刑名家舞文弄法爲一網打盡之計下至東遊之士醉心外族之功名窃取日本政法之皮毛即自鳴有得上書談立憲者有之著書言政法者有之方民氣勃興之日即從而壓制之以求遂一己之欲望謂之漢奸誰曰不然異日獨立功成非洗心革面取法于美實有不可者此吾對于立法之意見也

國家之進化在乎精神精神之完固在乎團體是故黨勢之競爭無識者且憂其國運之不景自有識者觀之而知民族之進步國勢之昌隆即繫乎斯故美之立國黨派實多共和黨獨立黨民主黨社會黨雖有黨同伐異之見而究之同以國事而進

行之此美之所以强也吾國之黨派自昔已然君子與小人遂劃然分道而馳往往互相傾軋以至玉石俱焚殊可歎惜耳夫小人無學無識其對於君子宜乎以積極的之手段而實行陷害之謀此等技倆本不足怪然而爲君子者則須以汪洋之度哀愍之心憐其愚昧恕其歸誠此則大公至正而不少涉於偏私不然疾之過甚無論其挺而走險足以防吾黨之進行而吾之根本已薄又奚能招信用于天下乎此吾對于國民之意見也

强凌弱衆暴寡自昔以來久成風氣降至今日雖漸息其野蠻之風而保護之名維持之說實英雄欺人之語觀乎列强之對弱國何莫不然惟美合衆國稍能堅持公理不畏强暴不欺弱國苦心孤義維持世界之和平然和之者寡以成孤調之獨彈噫此亦足見列强之用心矣吾族而果能獨立也不懼人之凌我亦不顧我族之凌人海牙會議當爲美人之和世之學者之言曰世界之和平須得支那問題之解決人言固如是吾人亦堪自信者此對于國際之意見也

種族之界終如冰炭之不相投消化意見固事實上之不能我不排人其如人之排

我何然而招懷遠人處待降虜則固別有解說殆懷遠以德處降以恩而已美自獨立而後專守門羅主義觀乎排英排日虐待華工實出乎野蠻近日之改良亦確見乎其法之不行以講求開放之主義也若夫吾國錮閉時代嚴關鎖海以謝遠人其仇視異族竟成風氣焚教堂殺教士獨聞之於今日之開放時代至處待降虜尤以虐殺爲心族雖各異甯非人類奚必用如此之野蠻手段乎他日革新其對于遠人當听其雜居腹地而任其保護之責其對于苗回藏等亦須處之有道承認其法律上之自由至于對于强族子弟之投誠者以夙怨之已償雖開誠布公亦不失仁人之德此對種族之意見也

以上所述之意見雖管窺蠡測不足動雅人之聽聞然使吾族從此研究他日獨立後之建設必得完美之結果豈非吾族最大之幸福耶

結論

吾嘗曠觀吾族之性質往往拙于謀已而工於爲人心窃傷之攷美洲獨立之起原雖殖民之懷不平起而獨立而究之實得吾族敎徒之運動乃有最後之決心至今

北美父老談及遺事猶感激淋漓何其智歟且非律賓倡言獨立吾族有助之戰死者功雖未成至今猶得美之承認爲三十年後之獨立何其勇歟乃外族擁據吾民之上無論非我族類其心必異即剖心相示吾族亦有不能承認者何以彼族延祚將三百載而吾族猶不能揮之使去耶義士不爲不多謀事不爲不密又何以一失于四十年前再失于今耶噫我知之矣大抵志士雖多而漢奸亦不少雖小有才智亦能特出于儔人而奴隸之性甚深不難藉政府以售其術始而外族懸科舉以收人心吾族已有挾詩文以博富貴繼而假立憲以支殘局吾族又持政法以拾功名天良盡沒者不推刄以刺同胞即反脣以告密神經複雜者不曰隱忍以求濟即曰相時而後動數千年來排之者漢人助之者亦漢人豈獨北美殖民笑之政府亦狂笑不置深信取術之工也然幸而吾族中尙有解事之人也有志之士奔走四方出入生死而爲獨立之運動或見之于暗殺或見之於實行或見之于反抗事雖未成亦足奪現政府之魄從此聯絡各省合一人心獨立之事有不成功者乎夫人民之對于國家有權利而後有義務是故愛國心不發達奚能存在于競爭之場吾族之

與彼族已無貫注之感情處此列强環伺之日非改革政體斷難生存況乎地大物博已據亞洲十分之六七吾族之衆亦又椒聊繁衍生存之術彼族固不能爲我謀我族亦無須彼之爲我謀者是故處于今日吾族稍一遊移滅族之禍當不旋踵憂時憤俗去復何爲前路茫茫絕少希望所可希望者惟在于決心宣戰而已嗟乎列强競爭之時代即民族競爭之時代故民權不伸其國未有不敗者波蘭印度是也民族日盛雖荒洲僻壤亦能獨立而成大國北美之殖民是也吾族生于今日存亡即在于微秒間獨立則爲北美之區不獨立則爲波蘭印度之續夫波蘭印度人固知其失敗而恥談之非笑之使知其民族自弱之原因而反叩吾儕所遇之境則畏懼之心當油然發生耳美殖民之能獨立非由畏懼之心而起乎觀乎波蘭印度吾族之危險可懼既如彼觀乎北美殖民吾族之强大可期又如此凡吾同胞誰非漢族使力洗其亡國奴之性質當爲世界最新之强國民自由鐘聞于北美自由花開于亞洲快矣哉獨立之國民可敬哉獨立之國民

奴婢廢止議

亞震

諺曰人心肉造。以言人有慈悲之心也。顧吾即以爲人心鐵造。以言人無慈悲之心也。於何見之。吾於買用奴婢之一事見之。

均是人也。均是女流也。均是同胞也。於彼油頭粉臉珠圍翠繞之儔。則美其名曰夫人焉太太焉小姐焉。非然者則奴婢也。然試問夫人太太小姐奴婢之區別安在。則一言以蔽之曰女流而富且貴者則謂之夫人謂之太太謂之小姐女流而淸苦者。則奴婢也。嗚呼。末流若此公理何有天良何有吾不料錢神之魔力竟若是其偉也

雖然夫人太太小姐奴婢四者。亦非有定理存焉者也以吾所見之夫人太太小姐忽一旦失其富貴之地位則居然一奴婢矣奴婢而一旦脫其淸苦之悲境又居然一夫人一太太一小姐矣若是乎普天下之夫人之太太之小姐之奴婢其榮其辱一聽乎錢神之指揮而已噫豈不怪哉

嗚呼。夫人輩其聽諸。太太輩其聽諸小姐輩其聽諸。奴婢輩其聽諸。古人有言煮豆

燃豆萁豆在釜中泣本是同根生相煎何大急爾夫人、太太、小姐、清夜撫心自反平昔之待遇奴婢是否煑豆然豆萁耶爾奴婢輩又一自訴其苦衷是否日居於釜中而泣耶夫兎死狐悲物傷其類禽獸且然人非木石胡有甘於違公理虐同群以爲快者抑吾聞之近日志士有言抵掌縱譚天下大事求不胡塗眞愛國者具此資格則亦足矣。彼瑣譚末節女流之事。非吾人之所急也。言雖甚辨。而其誤亦甚多抵掌放言事至易易不必愛國志士始能任之。乃若大事求不胡塗則小事似可糊塗矣。人既習於胡塗。大事小事又何所擇。且大事小事。又何鑑別乎。夫人既以志士自許。以愛國自任。豈以鸚鵡猩猩之能作人言而遂沾沾以自足。誠若此吾恐較之女流而猶遠遜也。從來邦人積習每利用乾剛坤柔之說以抑女權其用力也有甚於雄主之防民黨女流閉聰塞明服從性成無自獨立日積於昧日流於貧是奴婢之風不能斷絕者則以無人能紓尊降貴而一論女流之事當局者既不自覺旁觀者又不覺之然則女流終無改良進取之望而長此終古矣。嗚呼志士乎國民乎君等不欲譚女流瑣屑之事。則鄙人請得而譚之。非笑罵詈。吾不較也。

夫天下事有至不忍而人目爲至平常者即買用奴婢其一例也或曰買奴之事非獨今日爲然於古亦有其事又非獨中國爲然外國亦有其事故不可專爲邦人之咎病斯言也似是而實非者也其在痛癢不相關係之人言出無心猶可曰失之檢點而吾屬貿然出此豈以人而不及狐兎之有感情耶請畧辨之以質天下

或謂買奴之事不始於今日而往古亦有之也夫古云者無有窮極然吾固嘗聞古人之言一曰自世婦以下皆稱曰婢子一曰夫人負罪而有所請亦曰婢子一曰有罪而沒入於官曰官婢一曰奴婢古之罪人一曰凡有爵者與七十者未齔者皆不爲奴如上所引則所謂買奴之事何有且世婦以下及夫人負罪自稱婢子固自卑之詞非可與今日強以加諸人者爲同日而語又古之官婢奴婢無非罪人請問今日之奴婢乃罪人乎恐未必也又今日之奴婢固無爵祿者亦無有年及七十者而未齔者則多多矣由是而言買奴婢之事眞悖古蔑理之甚者胡尙有護短之人耶

或又謂買奴之事不獨中國爲然而外國亦有之也吾聞是言慚愧滋甚憤悶滋甚夫買奴者弊風也惡德也援引外國以爲護符說者之居心何在且既知外國有畜

奴之風則正宜借鑒彼國畜奴時及放奴後之國情以爲自國改良之準則豈有人既知外國畜奴之情形而不知外國放奴之情形者耶若謂中國畜奴之慘非可比諸外國此姑不論若謂外國今猶有虐待奴隸之事則美國之於華工備極殘酷是矣然華工非美國之同種也華人對於彼虐待華工者可抗言也而吾邦人之買用奴婢也固同種也奴婢對於虐待奴婢之人有呑聲飲泣而不敢稍抗也由是以言則外國之虐婢者所謂非我族類其心必異吾國不強民生塗炭夫復何言然吾人之虐婢者非可執是以自解實則自殘同種之惡習宜戒除而不宜相沿者也

然而我邦人之心理階級貴賤之見斷難打破今驟以奴婢廢止之事語之則且怫然不悅者其不悅也加之吾身曾何損吾之毫末而不知遷怒之習慣又吾邦人所以爲待遇下人之手段也譬有人焉畜婢成群視如牛馬忽聞世間有提唱奴婢廢止之狂人則彼不憚爲公理之敵遽以其奴婢爲草芥而踐踏之若是乎吾之苦心終泯而反加以罪戾矣嗚呼世無林肯余不代黑奴籲天而誰代哉

大抵吾國買用奴婢之家中等社會爲最多而虐待奴婢者則尤以中等社會中之

稱主婦者爲盛夫上流社會非無畜婢虐婢之事然彼之勢力不僅可畜一婢即其虐待之手段亦不如中等社會主婦之甚蓋其情勢固然也其在下流社會則自顧不暇已且將爲人之奴尚足以奴人耶故夫上流與下流兩社會一則可以不必虐待奴婢一則不能虐待奴婢至於中等社會則不然此等社會即諺所謂比上不足比下有餘者是也惟其然故務求裝飾門戶以與上者抗衡又從而借上者之毫末勢力而驕其下焉者雖然抗上驕下之力亦甚艱巨一中等社會之主婦何以辦此無已其爲畜婢乎夫中等社會之主婦何故必以一婢爲榮此中秘訣非夙究心於中等家庭者則不能道蓋小婢之身價甚廉十餘金則可購雛鬟一口其利一畜一小婢頤使氣使而天下莫余毒其利二一婢之供給僅可等諸一鷄一犬其利三買婢之價既甚輕便從此則呼牛應牛呼馬應馬爲主婦者可以高枕無憂矣及其長也瓜字苗條視爲奇貨炫於胖腹之市賈銅臭之貴介之側冀其一顧索價兼金所費無多爲益實大其利四以此之故故中等社會之婦人每以畜廉之多寡妍媸爲其架子之優劣非無故也竊嘗言之味理拜金婦人積習固由於未嘗讀書至於以

畜婢鬧架子以畜婢而濫行毒手以畜婢而賺多金者夫豈待讀書而始知其非耶亦曰習俗相沿牢不可破焉耳然苟知公理苟有良心者未有不思破此惡俗者也

若夫主婦虐遇奴婢之事上畧有所言茲請申明之

第一奴婢之苦情

原夫天地之生人也熙熙攘攘初無貧富之區別即無貴賤之等級生齒日繁强者相搏弱者爲其征服而俛首求活於是執隷僕之役以事强梁主奴之分殆由是起降及後世重以天災爲厲小民生計益艱富者膏粱文繡鐘鳴鼎食貧者輾轉溝壑化爲灰塵不平之等莫此爲甚則有欺人孤寡之徒於風雨飄搖瘡痍滿目之中以斗粟尺帛之微換人骨肉爲己奴隷嗚呼讀者思之饑饉荐至老弱者轉乎溝壑嗷嗷黃口一命如縷有仁人君子極於水火之中舉世固當崇拜敬愛之矣庸詎知人心叵測險於山川彼旣竊一極弱憐貧之名又施其弱肉强食之計旣以人之骨肉爲奴婢復以其奴婢爲罪囚恐喝鞭笞水深火熱袖手旁觀者亦無所惻然第曰某人之奴婢不受敎氣煞主人矣而不知此呼號於刀俎之奴婢亦他人提心弔膽之

愛兒也毒打他人之愛兒不加憐憫反曰不受敎而氣煞主人咄靑天白日之下何有此非人非鬼之語乎是以彼賣於人而爲奴婢者上思父母之横死回念自身之凌辱孑然一身不知死所故每有以憂思而夭折者亦有不堪痛苦而自戕者其死主人之辣手者又當別論也嗚呼當仁不讓舍我其誰痛乎哉奴婢不可以不廢止也

第二奴婢之飲食

口之於味人有同嗜喜甘旨之適口者人情大抵然也試反觀彼利婦之待其下則何如乎冷飯一握殘羹半勺較諸庖人之飼鷄犬且劣過之奴婢而食之耶則不但礙於衛生抑不足以補一日之消耗其不食耶甯止空腹凍餒而已更不免於受刑也彼小子無知乍觀主人飲食之豐美饞涎欲滴竊而啖之忽而事機發露未有不嚴刑拷訊至於慘死者究其禍源一皆爲主者之無良也嗚呼嗚呼當仁不讓舍我其誰痛乎哉奴婢不可以不廢止也

第三奴婢之衣物

每當飯餘茶話。明燈夕張之時。坐聽家人父子絮絮道古人之軼事。云昔有閔子者。嘗爲其父御車風雪之中。戰慄不能行動。父怒其怠慢也。執而撻之。忽而其衣破裂。視其中則皆敗絮。詢其何爲服此敝衣。則對曰後母之爲虐也。吾儕爲童時。聞此則欷歔流涕。歎閔子不見愛於後母。而猶有父爲之教養。嗚呼惻隱之心人皆有之不其然乎。顧吾思之天下慘苦無告之人固有甚於閔子者。昔閔子服敗絮之敝衣於風雪中知其苦者猶有父在也。今日服敗絮之敝衣於風雪中之奴婢誰知之耶。誰憐之耶。夫不知人之有苦而我不憐之。尚可言也。既知其苦。非惟不加憐惜。更從而磨折之。是人面而獸心者也。聞者疑吾過於偏急乎。則請一叩彼畜奴婢之家。視其奴婢所用衣物之奚若。吾恐不惟奴婢之屑涕隕淚。即見者亦當屑涕隕淚。即彼主人亦跼蹐而不自安也。必矣。蓋今之畜奴婢者。祗知藉其奴之力而已。得以少安。奴之衣。奴之食。非其所計。及姑與以杯水。療飢片衣蔽體。使勿即死而已。悲夫。誰無父母。誰非人子。睹此哀鴻。吾憂何極。嗚呼嗚呼。當仁不讓。舍我其誰。痛哉奴婢不可以不廢止也

第四奴婢之居宿

日出而作日入而息生物皆然而人亦不能違此通則者也蓋人勞動既頻則生機之消耗實甚既無滋養之食品以調補之於是思得一覺安眠而其精神始不至於衰竭凡此皆至顯淺易知之理苟自命爲人者當靡不知之熟矣乃世間亦有祇知有已不知有人之人雖偶作一舉手一投足之勞則號於衆曰頭昏骨痛於是煎補藥設盛饌以補之又靜眠數日以養之嬌貴之態反類廢疾至其買用奴婢則不知人之畏勞忽使之東忽使之西有一命令而奴婢未暇奉行則曰膽大欺主有一命令而奴婢立時妥辦則曰睹氣傲人惟辟作威惟辟作福人之無良斯已甚矣然我生不辰慘爲奴虜日日胼手胝足以俟强梁之顏色猶冀有一宿以自慰疲倦也不知爲人之主者駕馭群奴如獄卒之迫凌囚犯必使他人毫無生趣困苦萬狀食頃不得自由而後以爲快雖然主人之心終恐其奴婢之得安眠也或則困之於卑濕窟洞之中或則撤其幃幔使蚊虱之來襲或則使眠於椅上使之衾寒如鐵推主人之用意所以如是以虐待奴婢者務使其奴婢日夜不能成眠則已可以收一精理

家務之虛名而已耳實則其罪固不容於誅者。烏乎烏乎。當仁不讓。舍我其誰。痛哉乎。奴婢不可以不廢止也

余也夙抱奴婢廢止之意且必期諸實行然世無知音不得不商之於女界冀動其惻然不忍之念則阻力少而實事易見也。上述主婦虐婢四事何一非確鑿不易者。此外奇辱極慘曷可勝道。論此四者特從大處落墨焉耳。然或者曰信如子言。奴婢廢止實行之曰天下人皆自爲奴婢矣。烏乎此言不通。毋庸深辯。夫余所以斤斤然以奴婢廢止四字喧擾於世人之耳目者。誠有見於買賣人口之陋風。實文明世界之玷。實人道之蟊賊。由今以往。不可不取此陋風一掃而空之。其意在於不許買婢爲牛馬。非欲舉天下人而皆自爲婢也。若買用奴婢之風果禁絕。則豈憂執役之無人。男僕固勿論。即女僕一流。如婆子梳傭等。愼擇其老成幹練者而善任之。豈不愈於買婢之淘氣耶。

抑余猶有一言。吾人苟認放奴之道爲要圖。億兆一心。何事不竟其志。然世無買女爲婢之人。難保勿賣女爲婢之人。蓋飢寒交迫之秋。小民束手無策。不得不出此拙

謀以延殘喘。其道甚苦其心可哀於斯時也本國既無有肯買婢者而其所欲賣之女兒又幼弱不能執役。則必求尾閭於外國外埠。一出國門零丁孤苦此女兒之受辱。將更有甚於爲奴婢者此非僅爲意擬之危詞實則放棄之後必有此一日吾敢豫言。故世之君子。苟焦唇禿筆於奴婢廢止之前尤宜熟慮籌謀於奴婢廢止之後以鄙人所論。則廢止買婢之風。而月給僱傭之値。凡婆子梳傭婢子之類。一律僱而役之。勤於任事者固當加以獎勵而庸劣者亦得屏斥之如是則主人不能任意虐其婢僕婢僕亦不敢昧心欺主自由平等主奴共食其福固甚樂者若鄉曲。貧民既無教育復鮮恆產賣兒鬻女所得幾何於此而欲籌一完全之策良非易易惟有速興女教育速振興實業速謀女子職業富者並開設善會以濟恤之熱心勇往毅力底成將見二十世紀之中國人其悉除奴籍而登春臺矣乎　（完）

中國買賣奴婢。等美州用黑奴。皆不容于人道。來稿形容奴婢慘況。令有心者聞之酸鼻。故刊入論著。爲提倡人道主義者一助云。編者識。

不侮鰥寡
不畏彊禦

哀絃篇

獨應

There's not a string attuned to mirth,
But has its chord in melancholy. Hood.

一　華土物色之黯澹也久矣民德離㪚質悴神虧舊澤弗存新聲絕朕處今日之世雖步康莊之涂以臨觀市集士女熙熙盈吾左右顧目擊擾攘而蕭條之感乃不覺嬰心而來令人森然如過落日廢墟或無神之寒廟者其淒淸也如是蓋所謂死寂者是也蕭條唯何無覺悟是曷無覺悟無悲哀故人唯不知自悲而後苓落所底將更令他人悲之蓋哀絃斷響而人心永寂有如此也或曰今者世界迭嬗萬象改色矣新氣流衍舉世向榮還被東極而國人之興起者衆或超軼凡軌大言文明將蛻爲皙民以與一世蘄平治又或壹意政治商工之事思以是爲興國不二之謨言雖不同而其遠引成事高矚未來以定國是則莫不有大希存焉國人於此迎曙光之熹微宜如何歌舞是將樂此佳日矣而獨語之憂悲使諷輓歌以臨嘉會不亦

傎乎夫衆志欣欣方向晏安而以一人之言亂之令其不懽逆世迕俗則良過矣然吾惡夫舉悲哀以買寂漠又變節爲懽娛之聲叔季之世猶有好音事旣不倫抑又何其非人情也夫物色所動情思爲牽綠野繁華芳感菲之興孤墳秋艸動蕭槭之思第世尟有賞北邙以怡情入靈山而痛哭者何者中心之哀樂恆與外物之盛衰爲因而不能少假也故耶路撒冷隳矣耶利爲之哀歌逸響流於後世及今已二千四百載人有游猶太故區者過什翁川畔馮弔古迹猶徘徊不忍去不膜拜聖地之莊嚴而爲以色列子孫弔也卽今見之詩歌亦往往留哀響豈非蕭條之感異世有同情哉若夫中落之民身世旣淩夷矣倉皇四顧寂漠當前則此時也將何以爲歡乎英人華爾特 O. Wilde 入獄而箸淵書 De Profundis 有曰我儕終年止一節候卽悲哀之季是已日月二曜似與吾絕縱外閒天色金紫而微光穿窗下臨吾室則色極黯濇在幽室中終日唯有莫色如人心中亦唯有莫色也誠哉是言今人將臨此莫色而吟曙光之詩與欲繼絕國者道在遏樂而絕希悲哀之聲作於以寄其絕望之情而未來之望亦造因於是末世有哀音焉正所以徵人心之未寂國雖慘憺

而未至於蕭條者也若抑意爲歡適滋之僞妄人不可與言事敗溝流水烏咽有聲彼歌舞於蕭條之中樂其佳日者曷不假清冷之音一瀹雪其內熱與

夫人世悲哀而已宇宙悠遠矣芸芸萬彙竝生其中生滅相尋夐不知其何氏也凡彼有情循流周轉莫不如是而人類智靈其變亦極平和不可遇也歡樂不可幾也傾聽人間僅有戰鬭呼號之聲來破此寂何樂乎哉茫茫寰宇渺渺古今倘使大地長存則世亦唯此動靜二因永相撐距相消長牽聯倣擾以成是悲之世而已是故達者避世畸士懀人雖行有顯微亦情之激楚也顧言者或謂凡物皆美哀樂在人出於自然之調劑皆足以移人情則悲世之言爲偏而無謂矣人情不能有哀而無樂因也顧以二者儷比其差恆不能相當何以言之悲哀者人生之眞諠萬物莫能優之淵書曰笑樂之既或生惡感第悲哀之後則惟是悲哀已耳蓋苦痛爲物異於懽娛不著摑面者也古人亦云樂極悲來樂既去矣而悲則永住無間由是觀之二者原不可以比列蓋在人事恆樂少而悲多樂暫而悲久也是故天下心聲多作愁歎之節而激刺人情感應尤疾古人聞題鴂而傷春過川流而歎逝天物無心而人

感焉悲從中來不可斷絕豈曰無因正人情之所不能自已爾詩有曰秋風蕭蕭愁煞人出亦愁入亦愁座中何人誰不懷憂令我白頭故地多飈風樹木何修修離家日趨遠衣帶日趨緩心思不能言腸中車輪轉夫何憂思之深耶古之人蓋知之矣悲哀者天地之心宇宙何意人生何悶唯知哀音者始能見之耳故曠攬景物瞻宮闕金碧者不如過白楊丘壠而狂歌曼舞之樂又不如聽野哭之淒淸也况今日者國中沈寂時入凋岑雖有芳華已非其候熙熙者將何所爲固惟有坐守蕭條憂傷以終老而已矣

中國文章自昔本少驩虞之音試讀古代謌辭豔耀深華極其美矣而隱隱有哀色靈均孤憤發爲離騷終至放迹彭咸懷沙逝世而後世詩人亦多怨歎人生不能自已因寄情物外遠懷高舉託神仙游戲之詞聊以寫其抑鬱或則汲汲顧影行樂及時對酒當歌不覺沈醉怨歌行曰人間樂未央忽然歸東嶽當須盤中情遊心恣所欲人生亦僅矣使得醉夢終生流連荒亡以待槁死則可也吾東方之人情懷慘憺厭棄人世斷絕百希冥冥焉如蕭秋夜闌微星隱曜孤月失色唯杳然長往而已讀

波斯中世之詩亦往往感此蓋人方視爲浩浩而不知正戚戚之尤者也洎夫近世國人浸昧此誼民嚮實利而馳心玄旨者寡靈明汨喪氣節消亡心聲寂矣吾傾耳九州欲一聆先世之遺聲乃尟有得而瀛海萬里之外猶有哀音遙遠相和雖其爲聲各以民殊然莫不蒼凉哀怨絕望之中有激揚發越之音在焉蓋東西甌脫間民其氣稟兼二方之粹故感懷陳迹哀樂過人而瞻望方來復別懷大願也世久不聞哀悲矣吾今乃將收其大槩少爲編志以告國人譬涉彼野田以采香艸縱不能用欽其芳澤拾襲藏之亦人情夫尼采之察羅斯多有言吾於諸載冊中惟愛人血所書書以血若會知血者神也則吾今此撰集是篇之意也

二　一國之有文章其猶兩間之衆籟與皆所以發揚幽隱鼓盪生機者也載使萬彙屛聲墨然入寂則天地亦幾乎息矣夫地籟之發出於自然冷風則小和飄風則大和厲風濟則衆竅爲虛物本無心而音響殊焉若在有情繁變斯極萬族竝處心境犂然重以外緣來乘人事益賾而心聲隨以遷流國民文章之不同蓋以有重因復果綜錯其中而爲之大畛者也治文史者疏理一國之藝文將推見本始得其

窾奧則於國民情形必致意焉良以人生之與文章有密附之誼而國民之特色殊采亦即由此得見使或不爾昧然披他人之書則情思中隔旨趣多晦不能相喻者多矣依法國學者戴因氏言則國民文章之遷變凡三事爲之始機此占畢之士欲讀異書者所不可忽也今爲申之於次三事維何

一曰種性種性者人羣造國之首基萬事之所由起而在文章亦著以思想感情之異則藝文著作自趨於不同凡百種人莫不各具其特質不可相紊隱微之中有巨限焉假舉希伯來文章與希臘相方則差別絕遠希伯來人所撰皆東方思想有嚴肅渾樸之氣故其屬文同途而異歸凡讀訶美洛思 Homeros 史詩者當見阿靈普諸神威武赫戲之象特視舊約之耶利瓦則尊嚴尤尙矣若羅馬者文化受自希臘攷二者神話梗槩少所爽別而羅馬之淵深莊重則又自成調也第此咸屬異邦觀者易喻其故今即徵之一國文章而種性之畛畦故在如英國三島愛爾蘭之文與英倫迥別首自牧歌漁唱兒女謳吟以至詩文篇什莫不可見焉夫二國之合舊矣調和既久無盜主之勢以相凌逼則界域宜可泯矣顧以種性非一參差而愛土

人士近亦不樂覊縻亢懷離析使文章而獨立矣則決絕以去亦胡弗可何者種姓未移莫能强合其去者蓋出人情而非人力所可訶禁者也

二曰境地人或稱 Genius loci 第從戴氏則所函者頗廣實兼際會而言夫風土之異人固甚矣如愛斯闌僻處極北其地沍寒人尟逸思故抒情之詩寡而南方意太利受朝陽之光其民則暢爽有春氣故欲求神思幽閟如德國 Faust 之詩不可得也他若宗教政治亦爲之因凡基督教國文情涂轍旣絕異於天方印度諸邦即支流曼衍亦多差別如俄國正教被於人心則與清淨教宗異涂而天主舊教其影響於大秦種人者又別有在更言政治情況爲力復弘如封建之國情勢異趨嫥武功者荒文事不講而逸豫之國藝術興焉古之希臘羅馬皆可爲例又若國有大故興亡之迹留遺尙在人心寄之文章往往見哀怨世之人讀之憂者爲之增欷悅者爲之徹樂甚矣哀之動人深也俄國文章寖長天下然哀慘之音故在以語撒遜之民輒疾首不能卒聽者何也俄雖不亡而苛政未去其所以致此者蓋非無故也

三曰時序劉彥和有言曰時運交移質文代變古今情理如可言乎蓋文章之起根

於人心故與當世思想所關甚大英人修黎曰凡竝世文人外觀雖別第隱微之中必有一相肖者在且樞中所動影響同及於人下自塗雅之子以至藝苑才人莫不被其流莫能自脫德人於此謂之時代精神 Zeitgeist 徵之文史昭然能見人可知文藝復興時之何以美富亦可知闇黑時代之胡以凋苓矣所謂質文隨時崇替在選即在吾國亦豈非然幽厲昏而板蕩怒平王微而黍離哀故知謌謠文理與世推移風動於上而波震於下者也及春秋後五蠹六蝨嚴於秦令唯齊楚兩國頗有文學鄒子以談天飛譽騶奭以雕龍馳響屈平聯藻於日月宋玉交彩於風雲觀其豔說則籠罩雅頌故知暐燁之奇意出於從橫之詭俗舍人之言豈不然哉此文章之變所以亦隨時序而異者也

由此三者錯綜參伍而成一代之文章於是筆區雲譎文苑波詭民之心聲窮其變矣論者乃謂國民文章其界極隘唯同三事者始得索解之而於他國爲不可喻則庯治異書者爲妄不知言有殊絕而情無異同即在異物彼鴻雁之哀鳴猿狖之悲嘯哀樂之感且通於人而況人類乎英人班軻德嘗論文章之不朽與其溥博之事

謂文章所言大氐屬於人情如愛憎悔懼嫉妒希冀皆人所同而人亦因是能共喻文章者舒寫此情求其賞會不朽與溥博之德即在是焉則如波斯阿摩哈揚 Omar khayyám 希臘亞克朗 Anacreon 羅馬訶羅多斯 Horatius 英國赫力克 R Herrick 諸人之詩足爲明證蓋莫不悲人生之倏忽念死亡之將至乃放志逸樂藉去牢愁雖以邦國殊異古今不同顧莫能阻其流風不及後世則以是數士所言同一人情而吾人自能以意相會者也梭孚克勒思 Sophocles 之作亞迭普斯 Œdipus 狹斯丕爾之作黎亞王 King Lear 胥寫親子之愛使世間此情不滅則二曲亦且永存爲人世所契喻而歎賞也吾敢援據是說介異邦新聲賓諸吾土讀者尙或會之玆所言者首波蘭次烏克剌因附以斯拉夫小國次猶太終焉若亞州列國亦有至文徒以言文隔絕艱於采錄故從蓋闕嗟夫東方之衰微甚矣昔日釋迦摩訶末之故土今幾爲寂漠之鄉而華國亦苓落今後之人懷先代文明之盛將惝怳不可復見即欲一聞衰世哀音亦無由得寂者無論矣縱有聲聞則亦阻隔不得相知也豈不重可悲與

三　波蘭失國情況。未聞中國。而名已久。不利於人口。熱中之士。亶言政治。危言懾人。則輒引印度波蘭爲詬病。夫印度自昔與中國相通。其親有若肺腑。且佛教之被吾民。誼在不可諼。波蘭則素不聞知。無所愛憎。今獨何怨於二國。而鄙夷之若此。不知印度波蘭。固亡矣。特較震旦。則萬萬有勝。舉世滔滔。迷於物質。而印度吠檀多哲學。猶存。足維民德。近發憤期自立。國人當亦駸知之矣。今第言波蘭。波蘭者、自昔稱任俠之國。義聲昭聞天下。在瑣比斯奇時。爲奧人驅突厥出維也納之外。又當中世。全歐紛擾。逐猶太遺黎。波蘭獨爲之庇障。仗義勇爲。爲他邦所不及。後世以是多之。第中更亂離。上下分崩。遂有一千七百七十二年之事。及九十三年。普魯士軍假搜捕查可賓黨人爲名。侵波蘭。是爲第二次分割。於是波人憤發。起謀抵拒。珂丘斯珂 T. Koscusko 爲之渠。凡戰三晝夜。盡復華娑跋(或譯華騷) 維爾那諸城。未幾俄人穌跋洛夫引兵至。珂丘斯珂負傷被捕。全軍殲焉。九十五年。遂行第三次分割。而波蘭亡矣。然波蘭之民則猶在也。武勇忠信。摯愛自繇。富於感情。而短於思慮。凡事苟屬故國。則急起從之。他非所顧矣。故那頗崙能得波人之心。爲力戰者。惟以秉白鷹之國徽。而思比赫連之役。則亦以德人斯坦末玆。特尢士卒歌維比支奇所作波蘭未亡 Jeszcze Polska 之曲爲平時所禁者也。至一千八百三十年。光復之軍起。顧爲三凶所制。志不得申。六十三年大舉復敗。波蘭遂益闇澹。第民心懷舊。貞固不移。亡國雖百餘年。中興之期。猶旦莫可待也。丹麥勃闌兌思作波蘭記錄。有言曰。波蘭興廢之機。在今日爲一大事。是不啻即定民心暴力孰長世界也。使波蘭而當亡。則天下自繇之種滅。而獨立諸邦亦將盡殲矣。使其不然。則自繇之勢盛。強暴當去。而波蘭亦得自立。百餘年來。波蘭爲三雄所分宰。如砧石然。受其鎚擊而未碎。今之所決非鎚擊當止。則世界文明當銷檄也。又曰。吾人徵諸史迹。而知波蘭一國。猶象徵也。所以標示人生奧義。人類之自繇。邦國之獨立也。故觀波蘭之前路。即可以決文明之將來。使其終於滅亡。則必在現世歐州強暴之力爲政天下時矣。勃氏之稱波蘭也如此。抑吾又聞之。德人摩爾式凱（或譯毛奇）有言。吾人之愛波蘭。非如愛英德諸邦。唯愛自繇。則然。爾使不爲自繇。故哀其旣患。景其壯烈。則於波蘭亦何愛矣。故世有鄙薄波蘭者。其唯臣僕自居。或傾心強暴之士乎。若中國人者。將焉處一也。

波人性情卓越自古見之文章及衰亡以後雖豪氣未竭而哀音繼之讀波闌國歌悲涼激越正如其國人焉歌凡有二一爲維比支奇 Wibicki 當一千七百九十七年時所作以首句波闌未亡 Jeszcze Polska nie zginela 得名一名什曼札波羅夫 Zdyman Pozarow之詩一千八百四十六年伽理契亞亂後鄔亞斯奇 Ujejski (1283—1897) 作以志哀者也梅忒湼息懼波闌之復興因以反間使之自殘伽理契亞農人受其中傷之言起敵貴族死者凡二千人焉鄔亞斯奇之歌蓋所以寄末世之悲哀見波人之自戕賊國將終亡而不可救也而維比支奇則言將來之希望一爲籲天之歌愛國之深憂憤抃發其言曰吾將乘蒼煙碧血上訴於帝矣其一則爲進軍之曲曰毋懼爲波闌猶存軍趣前矣二者言雖不同而咸足見波闌特性瞻望方來哀樂相半天懷發中不能自已者也

至十九世紀波闌有新蓺文起主之者爲勃洛靖斯奇 K.Brodzinski(1791—1835)其後有密克威支 A. Mickiewicz (1798—1855) 斯洛伐支奇 J. Slowacki (1809—1849) 克刺莘斯奇 Z. Krasinski (1812—1859) 諸士皆文中之雄也勃洛

踦斯奇嘗爲華娑跋大學教師。講波闌文史。箸維斯拉夫 Wieslaw 一詩。影響甚廣。氏嘗自譬村寺之撞鐘人。職在黎明而起。喚醒國民文章者也。其所爲詩。多詠自然。美其故國。曰是吾先人之地。亦少時釣游之鄉也。比及白首。以親黃土。松柏青青。長吾墓上焉。及千八百三十一年變作。氏奔走國事。至於沒世。密克威支。斯洛伐之支奇二人。詩尤激楚。論者稱以復仇詩人。今將更述之。（事迹參攷本報第三期摩羅詩力說之八）克剌莘斯奇系出貴族。後居伏亞伏兑爲議員。爲人豈弟而惡亂。箸伊烈迭翁 Isydion 之曲。以諷國人。謂人生多慼患。唯易怨爲愛。慼患乃去也。然其言遠於人情。勃闌兑思議之曰。克剌莘斯奇言復仇之非。而不知愛亦不可恃。彼羔羊雖柔。寧脫豺狼之利齒哉。故克剌莘斯奇之詩。雖足與二士並駕。第其立意獨遠。不足見波人性情。故今亦弗載焉。

三詩人既歿。波闌詩漸衰息。而小說代興焉。小說之職。在記陳迹。隳今事。敎人力行之道。與詩之所事不同。著者有克剌綏夫斯奇 J. Kraszewski (1812—1886) 所箸文章及學術之書。都凡四百五十卷。其他楸佚文論集之又可百五十卷。其小說多言波闌古今事令讀者瞿然動懷舊之念而民不忘本次有斯凡多訶夫斯奇 A. Swientochowski (1847—)箸小品四種各函誼旨以人名名篇曰 Chawa Rubin, Damian Capenko, Karl Krug. 胥為無告者哀又 Clemens Boruta 則餓人之史也復次有顯克威支 H. Sienkiewiez(1845—) 亦以小品名世最佳者有炭畫 Szice-weglem 天使 Yamgol 諸篇顧世徒賞其何往 Quovadis 一書（記羅馬宣祿王事故景教國人喜諷誦之特在吾人終有間也）然氏之為重初不在此讀其鐙塔守者一篇文情哀怨斯眞波闌之文章耳復次有女士阿什思珂 E. Orzeszko(1847—) 洛什威支 M. Rodziewicz 皆長於文貝魯斯 B. Prus 亦波闌文士本名曰格羅伐支奇 A. Glowacki 為人果敢而明允其流風所被者極遠將大有造於故國者也外此尚有他士不遑備舉今止取其詩重論述之

四　波闌詩歌有甚異人者一事即詩中事物無不國事相關故舉他國所咏與之相較其差當自見如言愛者詩人之常盡天下無二致第在波人之心有特異者凡詩歌之所吟詠多勇猛卓厲之士時或狂暴不情而蔑有耽溺晏安者及言愛戀

亦純潔高尙不及於亂蓋有感懷而無希欲雖屬豔辭實猶怨歌也故哀怨之心勝則詩人亦緩其小而急其大於是士女之愛移易爲家國之憂如密克威支死人祭 Dziady 中主人以幽囚之時爲故我死亡新生再造之日乃棄舊日佳名戈斯達夫而更勇號曰康剌德二者相易其意深矣— 康剌德見裴倫所作海賊 The Corsair 詩中戈斯達夫者多情之士克魯特納 A. de Krudenes 所爲小說 Valérie, ou lettres de Gwstave de Linar á Eruest de G. 之主人也 死戈斯達夫而生一康剌德正波人之所願也以是詩中婦人亦無凡相非見之陳中馬上叱咤萬夫則如天仙化人渺不可近至若英人威支偉斯 W. Wordsworth 所云

A creature not too bright nor good
For human noture's daily food;
For transient sorrows, simple wiles,
Traise, blame, love, kisses, tears and smiles.

得中之女子宜嗔宜喜笑啼悉可人意者乃求之波闌此土詩中杳乎其不可得也

其言母子之愛則有密克威支告波闌人母詩足盡其蘊意曰若有孺子胡不時放諸幽窟教之臥葦茅之上呼陰濕之氣與蛇蟲共居俾善制其怒深慮而寡言效伏虺之行也昔基督兒時以十字架爲戲今吾亦教孺子當弄之縲絏誨以輓罪人之車俾不至當斧鑕而失色見縊架而短氣也彼既不得如十字軍士卓大旗於耶路撒冷亦不得如三色麾下之走卒耕自由之田而沃以己血傷於間諜下之吏曹地下囚室彼之戰場也坐上士師彼之大敵也畢世以後唯有縊架廢木爲墳前華表或女子淚痕國人夜話永爲死者作記念耳夫亂離之世民生阽危朝不保夕雖家人父子間有不得相顧者矣彼以苦難磨鍊其身心而先爲之地雖曰人情之變顧亦人情之至也讀密克威支詩言雖詭隨而其意則大可悲已

波闌當時文章雖受裴倫感化顧所咏人物性情迴不相合如法人穆綏 A. de Musset 文中所言少年大都踟躕勞逸二者之間猶疑不決第念良時已過雖有才能莫得自顯則發揚奮起之望絕反而入於頹喪以醇酒婦人遣其一生而已若在波闌乃無勞逸之衝突而所患者常在欲圖大事第巨鯁當前爲己力所弗勝斯足

念耳。若更取裴倫所作。與相衡校。當見其間人物。心意暴烈。大氐相同。又皆以人生爲憂苦之樞輒。爲怨恨弗勝。或輕其國人。如裴倫詩中哈洛爾特 Childe Harold 或羅羅 Lara 者。則又無有也。即或有人離叛其國。至相戰鬥。特亦止一時之情。終復改悔。或則出於詐僞。將得當以報焉。如密克威支所咏烈泰威爾 Litowar 華連洛德 Wallenrod 是也。蓋波闌詩人。傾其熱情著之篇什者。非以咎責國人也。唯以相警。使知希存絕國。百事可爲。特必忠於其故而已。曰吾將上撻蒼穹。代擊盾之聲以起吾民也。斯乃波闌詩歌之本旨。詩人者國之先知。以豫言詔民。而民聽之。兩間之系屬。蓋有甚異於他國者也

波闌詩人之所言。莫非民心之所蘊。是故民以詩人爲導師。詩人亦視民如一體。羣己之間。不存阻閡。性解者即愛國者也。其所爲詩。即所以達民情。振民氣。用盡其先覺之任而已。死人祭中康剌德歌詞曰。吾愛非止一物。如蟲之於華。非一家。亦非一代也。吾所愛者。乃在全國。吾遠攬既往。以及將來。悉入懷抱。如吾歡也。吾欲光復故國。使天下復景其美。顧力不逮。吾感情思想。炳若炬火。發爲言詞而已。吾具諸神力

如爾明神吾力盛時見浮雲飛鳥之過第一立念雲鳥便住矣特在人間猶未知我雖然吾將仗吾感情爲之導者（中略）吾寃已在故國國寃在吾身矣吾與故國一矣吾視故國衰亡如子之喪父見國人之憔悴如母之念子也觀於此言則二者系屬之情可以見矣

波蘭詩歌大旨如上所述邦國消歇身世飄零侘物寄懷哀音發於自然慕浮華者將廦之以樸野顧吾竊有取者良以弔亡傷逝人情所同讀其詩亦重哀其遇詩云此我芳華發趨缺嗚已哀此所以深爲亡國詩人弔也

五　烏克剌因 Ukrain 亦名小俄羅斯 Malo-Russi 其民即哥薩克 Kazak（語出韃靼語本曰盜）昔分二支一當伊凡四世時已合於俄一則至一千六百五十二年始合逮六十七年有羅任 Stenka Razin 者率衆叛未幾平顧民哀之有伏爾伽之崖 Utesna Volgye 一詩流於人口繼之者有摩什波 Mazeppa 普伽契夫 Y. Pugachev 皆敗爾後哥薩克雖定第國民之精神猶在雖俄政府禁川小俄羅斯方言箸書顧終不能盡遏今此所舉以其國箸作者止綏夫兼珂 T. Shevchenko (181—4

861) 一人。此他則有摩勒珂威支 E. Markovich 格黎波夫 L. Glibov 諸氏。不備錄。……摩爾契夫斯奇 A. Malczewski(1793—1826) 札來斯奇 B. Zaleski (1802—1889) 戈息靖斯奇 S. Goszczinski(1803—1876) 等皆在波闌。而戈鄂理 N. Gogol(1809—1852) 則以俄文撰作者也。

綏夫兼珂。生契亞夫小村。父、農奴也。八歲喪母。後母遇之虐。十一歲父亦死。出就村塾。塾師酗酒。日扑之。遂逃出爲村人牧豕。未幾奴主召之返。使爲家僮。旋復遣之至聖彼得堡習繪。希圖畫獲厚利。詩人如珂夫斯奇 V. Zhukovski 見而異之。貨其肖象得二千五百盧布爲之脫籍。綏夫兼珂始得自繇。遂入大學肄業。至一千八百四十年。出詩一卷曰歌人 Khabzar 爾後箸作不絕。四十七年。以高加索一詩獲罪。笞而遣之阿侖堡爲戍卒。備極摧折。至五十七年。以菲陀爾託爾斯多伯爵之援。僅得返。卒於聖彼得堡。以遺命歸葬迦諾夫。其所作詩。皆烏克剌因方言。敘古昔光榮。及今日淩夷之狀。史詩戰士 Haimadak 一篇尤佳。斯拉夫族文章中。唯密克威支之佗兌斯氏 Pan Tadeuz 可與競爽云。詩敘一千七百七十年哥薩克戴岡佗

Gonta 爲魁。起拒波蘭事。俄政府懼其勢不可遏。乃僞爲援兵。誘哥薩克人。執而歸之波蘭。見殺者凡八千人。縊架無所得木。輙禀穹之極慘澹之景焉。此他小詩抒寫人生。亦多哀怨如溺者一詩。述有母妬其女。煽之不死。因誘偕俗捽女髮投川中溺焉。今母女鬼魂。猶游行川畔。人常見之云。此蓋諷俄人之殘無所恕於國人也（詩中母爲俄人）又有太拉思之夜一章。敘歌人集村中少年。爲語古英雄太拉思 Taras Triasglo 故事。聽者泣下。顧未幾而歌舞繼作。歌人乃叱曰。趣返臥火鑪之上。是地温且安也。吾則將往遽盧。弄波蘭俄國之人爲笑。盍偕行乎。吾意若猶能往。特氣節盡矣。蓋刺其民自棄且馴怯也。綏夫雍珂詩美。尙難於迻譯。今述其一於此。僅能傳意而已。曰。是有大道三岐。烏克剌因兄弟三人。分手而去。家有老母。伯別其妻。仲別其妹。季別其懽。母至田間植三樹桂。妻植白楊。妹至谷中植三樹楓。懽植忍冬。桂樹不榮。白楊凋落。楓樹亦枯。忍冬憔悴。而兄弟不返。老母啼泣。妻子煢於空房。妹亦涕泣。出門尋兄。女郎已臥黃土壠中。而兄弟遠遊。不復歸來。三徑蕭條。荆榛長矣。

摩勒契夫斯奇。其父波蘭人也。初從那頗崙北征。逮事平。漫游各國。遇裴倫於意太利。或傳裴倫摩什波詩旨。蓋氏所告云。一千八百二十一年歸波闌。越四年。瑪利亞 Marja 詩出。無識之者。書亦不售。氏鬱鬱不得志。未幾卒。卒後殆有人賞其詩。遂見重於世。詩敍少年華克羅夫 Waclaw 悅瑪利亞。并父意納之。父怒。僞作和解。遣其子從征韃靼。而使檛面者溺女於濠。文情皆極淒豔。顧獨不及女臨死時狀。蓋詩人至是亦哀惻不忍寫矣。又述少年懷家之思。雖摯而缺入門見尸事。筆所弗能達者。唯留竢讀者之想象而已。札來斯奇爲詩。則純咏故國物色。美其大野巨川。流連不已。凡鳥聲人語。鄉曲民謠。在詩人耳中。皆成逸響。而不禁其遐思焉。特名箸則爲聖眷一詩。中述行人赴耶路撒冷。途中景色。彷彿動人。實乃自寫其故鄉烏克剌因爾。三十一年變後。亡居巴黎。至於沒世。戈息靖斯奇本契亞夫村人。波闌大舉時。氏與其事。及敗。亦走巴黎。後歸波闌。所箸有迦諾夫之城一詩。記十八世紀中哥薩克亂事。所圖兵燹之景。無不栩栩如生。筆力盛厚。人莫能及。三十而外。烏克剌因詩人之在波闌者。尚有波杜羅 Padura 格羅波夫斯奇 Grabowski 等。第文史家率屬之波闌。故此亦僅舉著者三人。以見大略而已。

戈鄂理。瑣羅靖支村人也。其父喜蓺文。嘗撰曲數種。戈鄂理受其教。少好弄翰。最蚤者有悲曲一曰、殺人者 Razboiniki。又一詩曰二魚 Dve Rgbki。傷其弟之逝也。至一千八百三十年。以俄文箸田園之夜 Vechera na Khutorye 一書。凡分迪康迦 Dikanka 密爾戈洛 Mirgorod 皆地名 二卷。竝爲小品。述烏克剌因民情故事。爲普式庚如珂夫斯奇所賞。爾後戈鄂理名遂盛。傳所作小說有太拉思蒲波 Taras Bulba 一卷。記哥薩克古英雄蒲爾波事。又死靈魂 Mertvia Dushi 二卷。喜曲巡按使 Revisor 一卷。皆有名。特屬俄國文史。當別論之。俄之近世文家凱羅連珂 V. Korolenko (1853—) 亦其一也。今著諸烏克剌因之末。唯以表其所自出云爾。

波闌烏克剌因而外。斯拉夫小國文章。尙有可言者。茲舉四國。一波希米亞 Bohemia 國人自稱曰契赫 Czech 文史浩瀚。艱於擷取。言其近者。有珂羅爾 I. Kollar (1793—1852) 箸斯拉跋之女 Slawy Deera 有名於世。近世詩人最著者。有扶勒赫黎奇 J. Vrchlicky (1853—) 有詩集曰南方一年 Roky Jihu。有納盧陀 J. Neruda (1839—) 亦小說名家也。二勃勒伽利亞 Blgaria。昔有羅珂夫奇 G. R akovski (1818—68) 以愛國詩人名有波德夫 C. Botev (1847—76) 作弔迪密忒爾氏 Haji Dimitr 詩迪密忒爾者蓋詩人之友主謀光復者也若跋佽夫 I. Vazov (1850—) 其名尤盛有小說曰軛下 Pod Igoto 記一千八百七十五年大舉時事歐西徧傳譯焉歌詠亦富今茲尚在爲襍志啓明 Dennitsa 主者三塞爾比亞 Srbija 近世文人有斯侖摩支 S. Srematz 羅札勒威支 L. Lazarevich 納戈思 Nyeguah 等納戈思者蒙德納格羅 Montenegro 人箸小說曰山之華環 Gorsky Viyenatz 記其國人古昔保國力戰之事四克洛諦亞 Croatia 其文雖同塞爾比亞顧亦有獨立之文章傳奇作者兒默忒爾 Lemeler 人以比之普式庚他若盧勃洛迭契 Lublotity 密羆迭諾威支 Milotinovich 諸士胥當世文人惜以伏處偏陬致多隱佚故今此所言亦如上而止

六　希伯來人宗敎之國民也舊約三十六篇寶其思想文章之所寄蓋莫不莊嚴玄眇古氣動人然文情豔美如所羅門雅歌者世亦僅矣逮以色列式微爲巴比倫人所克耶路撒冷旣下城闕毀敗子女玉帛虜於國仇耶利米以國中先知作豫

言書警告其民而終弗能救。唯有哀歌六章。抒其悲感而已。其首之一曰。昔日繁庶之邦今胡獨處此蕭條也又胡孤寂如嫠婦耶是昔民間長者國中后妃也而今乃朝貢於人耶再曰終夜哀啼淚痕在頰昔日歡子孰與相親雖有友朋反相淩藉成仇敵矣三曰猶太遭遇艱難多受勞苦遷徙異國不得安息追者方得之於隘路矣四曰什翁路徑荒凉赴祭無人諸門蕭條祭司嗟歎少女悲哀什翁傷苦矣五曰讐敵强大亦復樂康帝罰什翁使其子孫皆爲虜矣六曰什翁女郎光華盡去矣故土侯伯如鹿不得艸地疲不能行以避獵者矣七曰耶路撒冷當患難時憶昔日光榮之狀今也民皆爲俘無人能救敵皆喜笑嘲耶路撒冷之衰亡也雖然希伯來人泥於教宗以旣患之來爲由天命神不可抗則唯籲天自艾而已耶利米書第二十五章。代述神言曰。吾將盡去其懽樂之聲新郎新婦皆絕愉音且無磨聲燭光見於下土將使全國荒凉空虛受制於巴比倫者七十年是即豫言耶路撒冷之亡者也逮言旣踐。波斯果興而耶路撒冷亦漸復。故如歷代紀略卷末所載。比耶穌七十年頃再毀於羅馬。於是猶太分散流離異域而耶路撒冷亦永爲瀟索之鄉矣裴倫作希伯來樂府 Hebrew melodies 有句云狐狸有窟鷦鴣有巢民有鄉土以色列人獨餘邱墓即爲之咏也烏乎文明古國舊澤宜不遽斬一旦苓落乃不可振希臘中衰遺民流爲海賊非復多羅戰士子孫而以色列後人流亡各國亦以嗜利受世詬病然裴倫不以海賊薄希臘吾儕又安可笑猶太者雖澤不相及亦思古之情宜然也猶太離散至早迄今幾二千年其間不乏藝文之士特多在中世歸屬宗教今止舉其最著者新希伯來詩 Piyut 凡分二宗一曰迦理爾派以人著一曰西班牙派以地著也迦理爾派作始於約瑟 José hen josé 而迦理爾 Kalir 爲其最同時有名揚那 Jannai 者亦以詩名特多散佚唯七章尚存迦理爾生九世紀時其事迹不詳或言巴爾斯丁人也其名出拉丁語餅字 Calyrum 猶太習俗兒童入學則與以蜜餌迦理爾蓋其別字誼曰餅兒也所爲凡詩二百餘篇作皆希伯來文以古字儉少乃由名物自製動詞益之其詩多咏歎故國如頌歌中有云神聽吾言拯此下民復昔日蒲陶之園席生客而去之扶什翁廢門復吾民故土也又有詩咏耶利米者事本出密特拉思 Midrash（希伯來古書也誼曰學究）言族長鬼魂見子孫流亡哭泣墓中憂

思不得寧處迦理爾詩述耶利米摩赫貝拉穴上而歎即族長葬處也曰於時古德
佇立墓前哀憤而言嗟我先人猶能安寢耶子孫俘馘國土荒蕪古昔光榮於今苓
落矣衆皆哀歎傷子女之無存將呼籲於天以求慰藉昔日天帝恩寵今亦安在耶
於是先德一一自墓起禱終而帝意爲轉許拯下民出於苦厄而詩亦至是止矣西
班牙派起於哈思陀 Chasdai Jbn shaprut(915—970) 繼之者有所羅門 Solom
on Ibn Gebirol (1021—1058) 摩西 Moses Ibn Ezra (1070—1038?) 約赫陀
哈勒維 Jehuda Halevi (1085—1140) 諸人皆居西班牙者中以約赫陀爲最著
其詩初言愛情既乃改治哲學終而懷其故鄉惆悵無已嘗自言曰吾身在西而心
則東也隨決計首途趣耶路撒冷知友聞之咸來勸沮卒不聽乃至埃及以達大厤
色少住作什翁之詩爲猶太文章中名篙詩有曰維昔天帝神光永臨汝（此指耶路撒冷）上
汝更無須日月星辰以爲光曜而吾魂魄亦永於是皈依也耶路撒冷古爲神人帝
王之居胡至今日而殿陛之上獨容奴子耶又曰孰能爲吾先導以訪靈迹者乎是
昔天使照臨古德之地也又孰能假吾羽翼以返故鄉者乎俾吾得息勸足於廢墟

也未幾至聖地詩人則見故國矣顧歌吟未絕而亞剌伯騎士陡出以矛刺之斃古來傳說如是云爾後猶太尙多文人第不復以希伯來語屬文故不見之猶太文史。如德之赫納 H. Heine 英之迪思來列 B.Disraeli 俄之諾特孫 S. Nadson 茀路克 S. Frug 敏斯奇 N. Minski 皆其偉者今雖散在各國而上溯淵源其爲以色列苗裔則一也故記之。

如上所述列國文人行事不同。而文情如一。莫不有哀聲逸響迸發其間故其國雖亦有黯澹之色而尙無灰死之象焉若在吾國則何有矣膴膴平原先世所宅不猶列德跋 Litva 之土耶浩浩黃河其來自天不猶彼伏爾伽母河耶古德遺迹與先王陵寢之地至足懷念者不猶耶路撒冷耶而念之者誰乎生民憔悴流亡死傷者寧不劇於兵燹與而念之者又誰乎昔固有之今無是矣哀鴻之詩嗣響既絕民聲之不可聞者久下而求諸一人亦唯有驩娛之聲而已夫樂固可也顧覽北邙以怡情者豈世亦有之與蓋自人昧悲哀之誼心日醉於浮華因不惜棄絕故園皈依異域而高談政治爲干祿之謀者猶其次也今於此篇。少集他國文華進之吾士。豈曰有補特希知海外猶有哀絃不如華土之寂漠耳夫一人向隅滿坐爲之不樂況在今茲薤露雖傷而奏諸蒿里不得謂之失時也尼采曰唯有墳墓處始有復活吾亦以是爲小希焉爾（終）

第九期

時評

河南學務觀

悲群

人有恒言河南武不如北文不如南愚聆是言每滋痛隱未嘗不慷慨太息曰黃河流域開化最古河洛鍾靈特色有獨雋桀偉奇代生其間宋明之交志人尤夥國朝以來詞林鴻科有足多者無何甲午庚子創後河南不文不武徽號現中國中國名詞出國無論何省省無論何儔譚及河南者胥嗤之以鼻是其黃河流域文明終竭乎河洛鍾靈禩有代謝乎抑以父老兄弟甘坐頹淪致羞前往遺笑方來因之黃河無聲河洛靡色也近數年來士夫披骨急馳不敢後鞭鞠悴學務補綴前途李王景張亦良苦者嗟夫有是哉有是哉河南不文不武痛詆中國中國鄙詞胥洗雪掃除者洵不外**學務**一途矣何則廿世紀競爭最烈之點商戰外即學戰一家不可無商戰一人不可無學戰爲一般學者共認河南人士果由學務爲競爭進步首點後

來居上河南未敢輕視也不意河南學務遑遑數禩矣攷其進步毫無尺寸且愈離愈遠初辦尚有精神後來俱成暮氣河南學務不得謂學務者直腐敗社會已夫學務至爲腐敗社會不唯進化不敢預期世道人心亦因之禍害莫窮揆諸先生長者辦學務苦心結果原不斷此暮氣終結必至斯者堪斷言也凡天下無論何事靡久遠精神鞏固其際失敗可立譚者況學務河南命脈攸關國家生存有係使無持大魄力永續精神詎能奏効矧又挿一糅雜感念任意氣便私圖當事交鬨學宗失守積極一二人把持消極歸於放任因之抱異望者乘伺其間倡莠言牟獨利牛馬學子傀儡紳耆學務黴菌胎學務精神亡所謂國民教育者不岐入奴棣錮疾即遁肆囂張苦海河南用亡

夫政府胎禍四交釁生其存其亡大宇賴係留幾希者恃人心不死耳政府不堪依官吏不堪依唯河南人心鎔固庶可挽既倒狂瀾復回奠流其着手之點舍學務莫屬河南人士當如何爭自濯磨拯亡國末路河南學務客籍風潮後人心大爲刷厲頑固理學派頑固勢力派頑固渾沌派靡不銳志圖前力斬亘效河南學務一線

河南

曙光不得弗謂先生長者庸也無何客去主來河南學務宜生競色者種種怪現象出焉夫一省學務權不可操官吏外人手者亦猶乎一國統制權不可受制外人也各省利害不同學務注重點亦因之有異他省弗論河南學務最注重者礦產農林較他省特獨使他人越俎代庖利害得失緩急輕重之點不克籌擘咸宜學務受惡影響者弗淺故河南祛官吏逐客籍愚不認爲無意識舉動本省謀本省學務人地兩宜利害兼牟收效當功倍者猶本國人辦本國事經驗或疏弗無過不及之差較之顧問列强得失亦非道里計雖然河南學務汲汲祛官吏逐客籍者果諳人已經營得失之點也耶抑以祇知爭權絕不諳學務爲何物也不然紳辦者數年矣國民精神培栽効力未睹萬一者逐教習打監督定監禁不可思識醜象層見迭出莫究其窮衡之官督辦時其敝尤極河南乏獨立能力非依賴政府官吏不克生活者可概睹矣

顧自是以還河南學務不可謂無獨立權矣議長者河南紳耆議紳者河南紳耆學務課員間雜他省士夫執鞭隨從喧賓未能奪主也六轡在手四騑任縱河南學務

宜如何發揮如何振興先生長者早有成竹矣迺歷有年所學務不唯腐敗猶前每況愈下者縱河南不交譎先生長者而先生長者亦何以對河南也顧曰教育會成立矣公校數數矣非先生長者力莫與屬固也夫教育會何物也非一省教育總機關乎鄧蔡二獄胥與學務干係者未聞教育總機關者仗理援助也曰獄涉行政非教育堪越俎者噫是論也。矛盾極矣世界無論何國教育行政未能較若劃一者教育者行政本源行政者教育手段二者助理社會用濟況江蘇亦教育會已地方行政統持据理關涉主義與官吏競爭進行者徐秋諸獄出力尤夥曾謂河南教育會無此權力也假掛看板事空譚畢教育公事者先生長者何不息事樂年競勞勞筋皮也即以公立學堂論之一、師範。二、法政一、體育。一、女校。女校適值萌芽辦理善否姑置不論師範法政體育諸校先生長者殉力圖謀者顧管理與教習交惡教習與學生衝突罷堂散學者無一校靡此怪象不寧唯是體育未辦數日經欵蕩罄因之學生革教員教員控學生撕打街市玷汚學風管理學務者雖百口何能辭罪也且公立師範紊亂無紀隊賄團票當事者獨未聞也更有奇怪百出不忍行諸筆墨者

先生長者可按事探索矣
總以上學務比較之官督辦時尙靜謐紳獨辦時滋多事人有恒言二十世紀殺官界二十一世紀殺紳界者斯言或不欺人也耶雖然河南學務不進步者亦不得胥爲先生長者咎矣二十世紀自由平等暗潮最易襲青年腦海據理以行之則脫奴棣恢人權法之甘必大英之克林威爾俱實行前師不然者客氣雜糅自由界淆仗意氣蔑公理挾群相譁刼衆爲奸認自由天賦不知適爲自由之賊俄之虛無黨始與政府反抗繼爲政府鷹鸇支那革命黨首致死政府續爲政府走棣者比比也如斯者胥客氣用事不諳自由眞髓因之疲理蔑義即自問生平結果亦不知胡底也河南學子坐病適斯混跡學林驕友敗群或雪茄煙酒生活風韵花逕謎子者無論矣即熱血鎔結誓濟前途沈智觀變際輔大群操志已苦守心甚堅不得謂無鴻飛奇圖者顧無定識無定力惑于衆奸變已方針朝企革改夕圖立憲借聲望吐囑作已金科玉律於是大勢所趨不得不赴內曜眞理湉然喪盡推其積極遷流人云亦云人和亦和爲一二奸人驅使尙爲心得絕不悔者大抵然也故以排斡事逐教員

論之河南學界洵不足與爲矣夫幹事不諱教員不善宜排逐者顧攷其內容有宜排逐者祟拜之不宜排逐者疾眎之如法政學堂因監督不贊成國會書名排逐之體育學務因教務長于濶論慕拜之河南學生無定識無定力愈彰彰矣況自由放縱流入劣列覓讐要利遺笑官府更非愚之忍言也所謂官界壓制學生紳界恫喝學生者皆由無定識無定力取之也嗟乎河南學務如斯耳瞻望西顧陸沈之河南方來當如何也**故斷言曰河南學務不進步有二大問題存焉一辦事者不通學務且私心尤重一學生誤認自由歧入囂張**斯二錮疾非斬鋤掃蘯之思河南學務進步者是斷航絕港尙欲長流宗海也詎易易哉

烏虖兩宮賓天大宇鼎沸列强出奇謀以嘗我政府假立憲以愚我更有憲梟憲黨扼我喉拊我背思用我而賣我河南已要求國會于前矣利益未收尺寸鄧獄徒取殺人之禍此河南人之深恨隱痛也今者觀河南咨議局議長而下全隷官府前者河南營營于請願者當亦回顧失繇矣顧作人牛馬已往不得不脫離未來夫事脫

離之方仍不外河南學務故愚爲河南學務獻一職曰**國民教育獨立精神自由眞理之**三大問題者救中國良劑亦拯河南不易方針也何則一代改革橫流草澤英奇揭竿怪桀未嘗不足蕩胡虜妖氛創上官威儀顧衷心圖謀者一家興亡利害民生幸福毫未浸其腦際故黔黎蒙流血慘劇野雄受帝王桂冠此中國改革歷史常局所以致是結果者國民教育之不足也中國一般社會心理有已不知有人有家不知有國衣食住三者無慮而世界大局國家存亡茫然無干於心者大都皆是故以中國政局論之今宰制我者爲何如種族姑不具論準一般社會心理吾知無論英法俄德主宰中夏帝位神州但衣食住不失外仍奉若天王尊若聖明者可操預劵國民之無教育必致亡國滅種者亦不易公理也故河南汲汲經營者國民教育已礦產也森農也技藝也非不爲學務極重之端此建設後經爲非破壞時前提也今唯有父老兄弟破鋤私見一致心力統趨于國民教育一途養河南拔亡人材定教育宗旨學子無歧途教員急淘汰學術無蜚言所謂政府走狗官吏飛鷹胥擯諸河南外不使干預學事庶幾河南學界客氣消正氣復必知中國

處如何地位河南處如何地位政府待遇河南者如何手段河南對待政府者亦當取如何手段不事囂張不事激勵己改革進化于無形矣何以言獨立精神也中國古學望治群倫責諸已者尠周程張朱閒重克己跡類自好不適二十世紀競爭生存之理僅可供國學家攷究已今言獨立精神者非取諸法之激進黨日之無政府英之保守派唯獨事心理無干大趨義之所在人避獨赴理之靡存人蠅獨嗑不淄不磨操性獨行孤詣功夫時之至也一炸彈一利刄時之敗也一身家一性命獨行獨往不與衆生責事功一人一爲默寄社會同愁苦用力是獨成功愈彰較之挾大群劫衆[illegible]得不償失者非可道里計也河南父老兄弟何妨于獨立學派一注意乎何言乎自由眞理也世界學派解釋自由者夥矣極其詣歸不外兩途曰個人自由社會自由個人自由者人權社會自由者平等此一般自由定義也愚獨謂自由無定體也世界有世界自由一國有一國自由而中國之自由者非直人權平等畢自由眞理也人唯誤認人權平等爲自由眞理不諳中國自由界別有詣趣爾我交惡倡言人權積極排外强言平等究之竊據宰割者已數百禩而人權平等與否不問

也故河南青年逐教員排管理未嘗不詡謂恢人權平等者是鴆自由毒也故中國自由非個人自由社會自由唯以光復主權爲自由則自由眞理出果明乎此教員不必排管理不必排當排逐國門外者唯操握主權單獨黜自由精神不濫用一發不可遏不然個人自由社會自由初趣同波斯終局躋猶太自由眞理用亡河南父老兄弟果愛自由者其三致意也夫

夫國民教育也獨立精神也自由眞理也行之不易力之維艱也恃達此目的者永續思想能力耳具有細胞即具此思想備有百骸即備此能力不俟將伯不庸督責不知是者愚知是不爲者詐且懦燕趙多慷慨悲歌士中原鍾奇桀正氣兒荆軻攝政雄風未湮枳里權埋餘勇猶存河南學務一鳴驚人恍忽于旦暮間者不文不武中國中國之謨詆不唯一掃而空黃河文明河洛特色因之綿綿滔滔隨國運億禩矣嗟我父老嗟我兄弟奮其神勇勿遺人羞試觀中國之天下竟是誰氏之天下

把酒舊都應不遠
忍令胡馬兩河喧

小是非

河南之無黨

近接客譚客曰貴省有黨乎余茫無以應曰無黨有憲政公會

河南辦學者之奇妙

河南學界唐某程某者滿口自由青年學子崇爲盧梭魂者也是以省垣體學堂聘二人主事一教務一會計甚相得也不意未辦數月經費蕩然債鬼逼人矣顧爲學務耗巨欵原不足詫迺叩其內容非爲河南體育耗巨欵亦非爲己體育耗巨欵曰有婦人焉

河南第二師範之自由

客有參觀第二師範者因之嘔吐者數日余聞之驚甚教育薰人顧如是之甚也細詢其故曰貢院號房爲學生大厠糞已匝滿矣是以入其校者胥掩鼻而過余不禁失笑曰自由哉自由哉第二師範青年志士也爰贈一古作紀念云　大風起兮糞

飛揚　安得糞虫兮臭大荒　任我自由兮人何量

學部限制女學生

同是人也別之曰女同是學生也別之曰女學生因之生許多枝節曰、不准男女相會也不准自由結婚也不准登壇演說也不准干預國家也審如斯也曷不令二萬女界削髮緇衣毆入禪門之爲愈何必喋喋女學也甚矣政府諸大老之怪

第九期

小說

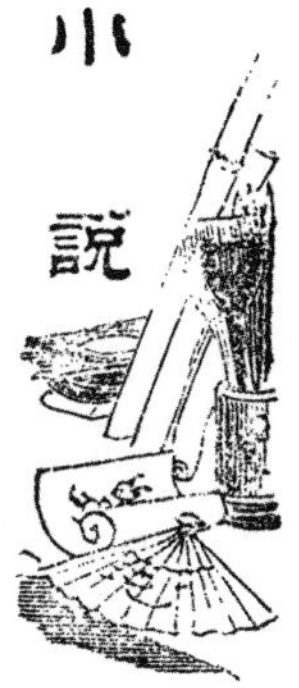

諸體小說 龍腦（中州俗語）

疏老光

上之一

號外——。號外——。號外——。……

阿姐。倆聽外邊是喊甚麼。

哎也。前天就有。那還不是賣花的麼。

這聲音在何處呢。原來是從昆敦河岸、因風送過來的。昆敦河岸、住的人家很多。南頭第五門、係一座小小樓子名叫碧澄樓。這樓的樣兒、不像西洋式。又不類東洋式。考古學家說是原主人仿照埃及國建築法設立的。所以雖說是個老實派。却也很有可觀。

這聲音纔落點。便有男女兩位、從這碧澄樓出來。兩位都是天眞爛漫。與木石居。與鹿豕遊。很像曾沾染大舜一點習慣兒。男的在前。女的隨後。走着說着笑殷殷的。誰也不知道他是打算向那兒去。男的年紀剛十一二歲。女的約有十四歲。

呵。！想起來了我今天不能出去。

阿姐。怎麼說呀。

今天廣哥約定、上午十點鐘、來商量甚麼買教科書的事情。廣哥年紀很高。有些閱歷。他分付的甚麼話。偺總要敬重他。當初阿娘再三囑咐的就是恁嚜

哈。—甚麼買教科書的事情。學堂用甚麼書。學堂內賣的都有。阿姐。試向我說、就可辦得。何必廣哥。————。

休逞倆能了。倆能辦得。我還說甚————。

那麼。阿姐、倆回罷。我要做箇「雖千萬人」的下句了。

嗄。—笑也。——偺同來同回、纔好。——倆若定意不回。就暫時順這河岸。稍作逍遙。

若到十二點鐘正午的時候。——

阿姐倆不必說。怎會忘了喫飯呢。

說着、走的約有半里。這女子轉身便回。那男子直是一不做二不休的樣兒。向前漫漫的盪去。

上之二

却說這男子走着想着。不覺自說自對的、把心中事、數將起來。

『咳！奇。今天不知是因爲甚麽。學校揭示處、掛一個牌。寫着放假七日。今天算一天。還餘六天。這是從來未有的好機會。無論向何處遊玩。沒有不可的。還記着、那秋勝園南邊、一林松樹。正中一顆樹身很短。上頭發兩個大叉。好像我在學校把人字倒寫着的樣兒。先生責飭我。他那知道、我是比着這松樹、寫的也。呵。—呵。—這天上飛着一羣灰色雁鵞排列的樣兒。也像我寫的人字、却又像那松樹會飛。』

這少年正向前走。左顧右盼。忽見遠處、二三條狗、向着他飛跑進來。好像欺負他孩童。要作一飩飽餮的意思。這少年嚇的兩腿戰慄。前走不敢。後退不能。因而大叫一聲。『狗——』。從斜面忽然跑來五個大漢。好像來救少年。却是帶些殺氣。狗越跑距離越近。人越喊聲音越高。這少年差不多嚇的要倒在地上。忽然向那蕎麥地邊一看。兩隻兎子。颼的飛跳過去。纔知道那狗那人、原來就是趕這兩隻兎子。與自己無干。這少年因又大喊一聲『趕哪——』。一陣驚風過去。他自己也不知所以然。又是握拳。又是上跳。前面遇一石橋。三躍過去。回頭一看。那人連狗都跑的沒蹤影了。這少年因又自說自對的把、心中事、數將起來『噫呀』! 更請君王獵一圍——好笑。這些事情。我往日在家時。都是見慣的。自從來在這個地方。纔算第一回。阿姐今天不來。若想到有這椿快樂事。當也後悔。是並破題兒、尚未讀過。何況題講呢。呵——有了。我就這樣告他說。教他晚間不敢出來。哈哈。妙呀。——阿姐在家時候。沒進過城。我雖小、還上金總爺家去過一回。金總爺說道。這孩子還算聰明。長大可令他事奉我。當下我答道。我是很願意的。但求總爺莫忘此言。後來聽阿姐說。這是很好。偺一家所享的福。都是金總爺的金總爺待偺家實在不劣甚麼廣哥。他又說不是那樣兒。你們兩位年青不曉得甚麼異日我跟您說你家的兄長們都是知道的果然、阿姐來在此處也變却卦了但是今天、總算快樂他們兩個、無論說甚麼。我都不管。我只往朱村秋勝園去也。——呵呀！前面大路上、怎麼恁些人兒往來。看那說着、笑着、亂着都是從那裏來。向那裏去麼。咳！頭上都像用石灰塗抹的一般沒一個不是白的——那人叢中、走着的一位、像是我同學的樣兒。呵呀！不錯。葛君——葛君——……』

上之三

看官。請看這可愛的妙女喲

這女子自從別他少弟。頗像心中有許多事情。時而皺眉。時而展眉。又似想笑。又似想說。歸寓上樓。坐在新式的轉圈椅上、好像基督教信徒、安息日自己懺悔的樣兒。不消說、這是等着他那廣哥了。一等也不來。再等也不來。這女子不覺欠伸了幾回。伸手打開書包。取出筆硯。掀開札記。就寫起日記來了。這女子和本記者一樣的疏老光不會作文字僅能寫點白話他寫的是甚麼呢。若不是本記者腦袋上長了一隻過暮眼甚麼三尺厚的牆頭都擋不住這時候誰也不在他面前看着怎麼能彀知道呢想來看官、未必信本記者的話。必說本記者又在、吹甚麼大牛的。本記者有個怪皮氣。好肯教人家信自己的話所以今天、不得已且把這女子的日記、從中摘出一條有理趣的。給大家看々。

「前日先 生講歷史說道。「俄國有一少女名叫特蘭。年十五。做了好大一個驚天動地的事業。俄皇害怕趕緊傳位太子自己假稱已死。這特蘭雖說當時被劊子手殺了。封了。可是他死的日子。就是他活的日子。」我心中很是景慕的。隨即起立、向先生問道。今日還有特蘭否。看學生何如。先生微笑。不應像似說我、做不到特蘭的意思。我心中少不暢快。問道。先生年高有德。又有閱歷。又有作爲。若跟特蘭同時。一定爲特蘭的先生了。先生思想好大會兒纔肯答應說道。「你不要那樣牽强比例。特蘭雖說有名。我是不重名的。我想世界上宗教不同。儒教主形。佛教耶教主神。儒教好說生前的話。佛教耶教多說死後的話。所以儒教重名。佛教耶教重靈魂。我想天有蹋的時候。地有瀉的時候。人有滅絕的時候。無論向後幾千萬年但既到那時候甚麼都沒有了。那名字還有不消滅的麼。特蘭雖有名。到那時候也是一定同歸消滅的了。我不求名字像特蘭那樣章章。我但求死後、我的靈魂、能入天國、升天堂、就妥了。」我心中不以爲然。但我不敢同先生深辨。因而少問數句。問道。先生言天有蹋的時候。天既然蹋了。天國還能獨存麼。天堂還能不傾麼。先生面上稍現出來一點怒色。不肯爲我解說。我又問道。就讓天國能獨存。天堂還不傾。我想特蘭、也是行善的人他靈魂不也應該在裏面麼。天蹋地瀉人類滅絕名字沒頭安置。我想先生生前既知道特蘭的名字。死後、入天國升天堂就能把特蘭的名字忘卻了麼。若是不忘卻。雖說天蹋地瀉人類滅絕名字沒頭安置。但只天國尚存天堂不傾人的名字不仍因靈魂的記憶力永永留在的麼。若是天蹋地瀉天國也不國了。天堂也不堂了。那靈魂更安置何處呢。不是也要隨名字同歸消滅的了麼先生不惟不肯答應。又把棹子一拍。說道。「不要多說。這道理甚深。你一時不明白。」先生轉身便走。走到門外。小聲罵道。「哼。可惡。想踢飯碗。」

這女子寫完日記。把筆擱下。開窗向外一望。見遠處來了一人。說他像廣哥。廣哥沒恁年青。說他像少弟。少弟沒恁年老。再也猜不定是誰箇。那人越走越近。越清白。纔知道是往來行路的人。這女子微歎一聲。「哎——天已晌午了。」

上之四

阿姐——阿姐。——飯時過了嗎。

呵呀！狂喊——剛纔看見你來了。所以我還在等你。若再遲會兒不來。今天一飩美味就要敎趙錢孫李四人拿去作品題了。

吭！不是回來了麼。甚麼美味。甚麼趙錢孫李。還不是你——吸——。

呵！休狂——尋常沒有美味。今天是從何處得來呢。

吸——廣哥拿來的呀。

唉。廣哥還沒來呢。你看美味都還放在那呢。

於是乎那少年把眼向棹上一撒。就破涕爲笑。喫起來了。喫到中間。忽然把筷放下。說道。

呵。！想起來了。

用手向袋裏一捵取一張爛紙出來。

阿姐。今天看見一位禿驢。受點點秋風。鼻涕眼淚。四下橫流。那禿驢、怕我嫌他汚穢。拿出一張字紙。就去拭臉你看他把聖人汚穢的。很呀不很呀。我在家時候。是聽西原老先生講過的。敬惜字紙兒聽明。想我將來比這時更要聽明了。阿姐。你看呀。

沒一會兒、那少年把飯喫畢了。少作沈吟。是又有許多的話想說出的樣兒。就自已先笑了一聲慢慢的忍着笑纔開口說道

阿姐。是老虎厲害呀。是狗厲害。

哈。—那還用說。一定是老虎厲害了。

對。我說今天怎麽一個老虎能趕許多狗呢。我還問你是人怕老虎呀。是老虎怕人呢。

這也是最易明白。一定是人怕老虎了。

咳。又不錯。今天不但那一個老虎、把許多狗趕的亂跑。並且把那許多人都趕的上樹了。

雖那樣說。可是人總能捉着老虎的。

咳。又對。所以我今天把那隻老虎打倒在地下咧。

噯呀！好笑。——你見過老虎沒有呢。

阿姐。你看我那教科書上畫的。不就是老虎嗎。當下那老虎順着這昆敦河岸跑過來了。

噯呀！更好笑。——這是金總爺袖箭裏老虎我是不怕的喲

兩位說着樂着。忽聽樓外有人飛跑前來到樓下、扢搭站住。大聲喊道。

鄧紀——鄧紀。——……

第九期

上之五

看官。你們想想。來的是那一個。一定說是他的甚麼廣哥了。誰知道還不是的

當下那人在樓下、連喚鄧紀數聲。慌的鄧紀、從椅上直跳下來。把樓門刮搭一

開說道。

葛君。你來了麽。快請上來。

葛君聲氣喘急答道。

我不上去。我看見趙之廣來了。偺們今天約的事情。暫作罷論。

說着說着。從後面來了一人。年紀約有四十餘歲。穿着西洋式的衣服。甚麽敎做「服洛苦各阿脫」帶一頂紳士帽子。嘴上兩下裏張着八字鬍。脚穿着長勒皮靴。一走三革哇。面上微現些急遽的顏色。看官這就是叫做趙之廣的。又常說甚麽廣哥的。就是這位。

當下葛君、回頭一看。話還沒完。就給他個小辮、一擺。順着河岸跑、將開了。鄧紀在樓上看着。慌的樓也下不來了。連忙大聲喊道。

葛君——葛君——……

聲音未落。那位趙之廣君、就走到樓下了。不作虛禮。昂然直進。這可愛的妙女、連忙站起迎接。笑聲問道。

阿兄。請坐。今天似稍微遲緩的光景。或有旁的要事罷。

呵呀！你們還不知道麼我打算明日回家今天有許多安置。所以來的晚了。

阿兄。——回家。！是甚麼事情呀。

噯。也光景是你們還不知道哩。——所以當學生的時候一味的用功夫固然是應該可是有時候也不盡是那樣兒說法比喻現在的事情就是我們死活關係你們坐在屋裏納着頭兒埋在書間甚麼都不曉得無形中半身已被水火燋爛人的資格早喪失了還說甚麼學生呢

　　這可愛的妙女。是常受過趙之廣指點的。本不置意。但聽說趙之廣明日回家。就像那座泰山被孟夫子挾跑了的樣兒。只覺得到明天、便無所依靠。來當下自己也不知所以然。便驚惶問道。

阿兄。我也不願當學生了。到底是甚麼事情呀。

今天上午的新聞號外。看見了沒有。

呵。！呵。！號外。——明白了。

說着急忙起來。向紙簍中一找。說道。

號外——買雖沒買。原來少弟從外邊拾來一張。當時我看見上頭寫着有號外二字。却沒留神。——

隨即伸開那張破爛號外。看了一遍。震驚之色。溢出滿面。上下牙齒咯咯有聲。說道。

阿兄…兄。——我們也可一同回去。——

趙之廣略一思想答道。

倆們不必回去、回去、倒現形迹。況且我今天還接了一分電報。事端百出。誰也看不透是甚麼結局。既然有這箇好機會。咱也不管甚麼英雄不英雄豪傑不豪傑。只要拚命去做一遭兒。這裏面的道理。我想倆近來是應該懂得的。倆們兩位年青。暫且留在恁個地方看我做的何如。若是能成。倆們正好是求學問的時候。也不躭誤。萬一不成。倆們就可接續着我做將下去。可是從這以後或能再得見面不能呵。也是事前不敢豫定的了——倆們總是常常想着咱那先代的祖父到底是因爲甚麼緣故被人家殺害殺害了又把那屍首一齊塡在若個古井裏頭到於今偺們親戚鄰居看見古井邊闌那一個不是含淚不敢出聲的也——

那妙女聽到此處。哭的由不得他不放聲了。看官倆道可歎不可歎。哪趙之廣辭行要走。又向那妙女說些後事。起身便下樓去。可也是拭不盡的淚珠兒向下亂落的呀

上之六

看官看到此處。想巳經把這篇小說的始末。猜量個八九分。剛纔那位甚麼葛君、所呼箇叫做鄧紀的。大概也知道是那一個了。可是那鄧紀的來歷。恐怕看官還不能盡知道。這回就要說恁段呢。

鄧紀、就是這碧澄樓上寓的男子了。他的姐名喚鄧倫。兩位都算幼年。不免有些穉氣。此處原不是他的家鄉。他兩位是在此遊學。好像我們念「阿伊宇江於」的一樣。這兩位幼年爲甚麼在此處遊學呢。說起來話是很長。本記者只簡單寫出幾句。給大家看看。原來他的家鄉。也不是韓國。也不是安南。却是在

這中間。名叫甚麼大唐州的。漢水以北。隋堤以南。明港正西。有一個宋王嶺。這就是他的眞正故鄉了。他家歷代以耕稼爲業。很有禮法、有道德的。所以當地祖父的時候。無論跟甚麼親戚或朋友來往。沒有不是和和氣氣。恭恭敬敬的。四鄉的人、都很信服他。常教子弟們都跟他學着。可是他的產業很大的。把那宋王嶺絜長補短的算起來。周圍約四五百里。這鄧紀家產業。要占十分之一的光景。其餘的人家。雖說不及鄧紀家產業。却也有二十餘家、都是大戶。每家都有百十餘項。這宋王嶺原來在衆山中。朝裏老大官、把這看不到眼下。不給他算入州縣。納糧不納糧。也不發委員問他。可是這裏頭、向來甚麼雞犬之警、都是沒有的。不消說彼此爭訟的了。因爲這個緣故。所以家家並三尺長的刀劍。都沒用過。當鄧紀的祖宗活着時候。有一天正吃午飯。大家說說笑笑。忽然從那嶺北、起了一陣煙塵。嚇的宋王嶺上住的人。沒一個不是面如土色。過一會兒、一羣馬隊。飛奔上來。亂殺亂斫。兩三天內。把這宋王嶺上人、殺的還剩一半。那未死的、男人受他鞭打。女的受他奸淫。更是不消說了。當時鄧紀的祖宗也是被害的他的父親因爲圖謀後事所以暫且忍辱偸活。這率領一羣强盜的、到底是那一箇呢。就是前頭說的那位金總爺金總爺自已把名字叫做金天自從强佔着這宋王嶺以後誰也不敢喊他的名字都是喊他金總爺他從佔據了這宋王嶺又不知殺了多少人到現在已經佔據了二十六七年了鄧紀。的父親名字叫做鄧洪。前四年頭裏、跟那些親戚朋友們、同起報仇究竟敵得金總爺不過被他殺了。一家都被金總爺拿去後來鄧紀的母親苦苦哀叩把自已的第二個兒子永遠押留在金總爺家作奴僕纔得放他們餘下的回去。當時跟鄧紀父親同事的都是這樣辦法。趙之廣聽說這事。急忙打電報給鄧紀的母親。教他命家中子弟。出外上學。一來暫時避禍二來可以開通智識後來再圖報復能力也分外充足鄧紀的母親、看見電報。滿心贊成所以留着長子鄧秩。在自已身邊作用。就命鄧倫同鄧紀、往趙之廣。逃亡的地方遊學把他嬌兒嬌女一切的事情都託給趙之廣照料後來那宋王嶺上居人、見鄧紀家這樣作事。都仿照起來。所以在此處遊學的。大大小小。竟有五十餘人。那位金總爺一想這事不好因而發來一位有能幹的二叔駐在此處名是爲𢘋五十餘人管理遊學事務實則別有用心𢘋些學生個個明白所以沒有一位不是很怕他的威嚴哩前回所說的號外就是金總爺現在新出的事情趙之廣就是因那事情乘機回去的

却說鄧紀見趙之廣下樓走了好像從夢中纔醒慢慢的抬起頭來向樓外一望見趙之廣走的很快霎時就是看不見的光景於是乎翻身跳下樓梯也不管他姐鄧倫如何便用天馬行空的法子跑將開了

上之七

哎也！漫天風雲——可算不凑巧了偏是今箇淸晨——眼光宜明快手段要斬截——生平作事沒有功成的哎也——這一回兒——安排好就好安排不好——呵！兩位在那作細談呢——這幾分心事那一片摸索——哎也偏是今箇淸晨

這是誰說的話呢就是趙之廣往白堙火車站的時候、走着說的不一會兒、走到車站。向入場處抬頭一看。說道。

呵。！阿倫。倆先到了麼。

又向左邊作一脫帽。

呵。！諸君已經在此。很早很早。——勞諸君駕。實在不稱。

當下來的十餘人都跟趙之廣還禮。趙之廣又向鄧倫說道。

阿倫。倆請同諸君先回去罷。火車兒也就快開了。不敢勞諸君、在此久站。——噫！。別時容易見時難。——倆後來的事情。暫時的可跟仲虞君商量。待我。……

趙之廣說着、咽喉就像硬了。不能出聲。鄧倫也不能舉目對趙之廣。連忙以手巾承睫不知淚珠兒漱漱的已迸出來了。趙之廣又向左邊諸人說道。

仲虞兄。——兄的魄力誠足涵蓋一世。但作事必有入手處。我兄須參以靜細——疏來君。——將來機密的函件。到時須細察封口。曾被人偷拆否。覆函要速——武華君。——君眞是莽男兒。可惜未免是秦舞陽一流。凡人都有一分特色。但將特色見諸實事的時候。須要得個恰好。又能持久。這纔妥當。不然有一分特色。不惟不算長處。反是短處日前議定的事件吾君必能履行是不待言的但入準谷的時候必須跟雪夷君同行又須服從雪夷君的計議——雪夷君。—作事有謀有斷我終身不能不佩服君但將來跟武華君同行武華君須能謙讓君亦不可或學柳季柳季非不事事綽有見地惟因人家不肯服從自己自己遂不爭不辨虛與委蛇起來但今回舉事是大有關係的吾君總要加意凡與世不爭不辨虛與委蛇的人皆不免有些玩世然所以到這田地的緣故都由世人認不得眞正道理自己雖費盡口舌說出世人仍是不肯服從因而就生出厭世的心來了厭世的心生漸漸就至於玩世這是我知道的雪夷君或也似此但今度總要格外加意——仲虞兄—阿倫同鄧紀的事情託老兄照應老兄年長須念彼二人是人間無父的兒最可哀憐的呀——諸君—今當臨歧我原不是品評諸君長短因爲平常議事或不能徑作過切的話今分離在俄頃間若再不言日後或有懊悔也未可知諸君須諒我的愚直——諸君。—我還有一言相告從今以後趙之廣不能用金賊的血塗宋王嶺那宋王嶺上塗的一定是趙之廣的血了願諸君不念趙之廣的生前但念趙之廣的死後——諸君呵——

趙之廣說到此處。熱淚忍不住滴了數滴。送行的十餘人。不用說是趙之廣的死黨了。都是泣下不能出言回答。忽然汽笛響了一聲。趙之廣一再辭別。轉身跳上火車。火車恰便開了。送行的十餘人、齊聲喊道。

趙之廣萬歲——……

當這時候最可憐的是那一個呢。就是那妙女鄧倫哪可歎哪。惟時、詞家爲詠秋風裏四章。

秋風裏也　舉目看萬楊　枝枝低亞葉葉黃　暈笛一聲壯士行　阿倫雙淚沛琳琅

秋風裏也　楓葉帶霜飛　紅映人面白映衣　會面來生是耶非　阿倫雙淚空然疑

秋風裏也　寒雲逐水流　天爲慘淡地爲愁　歸來不見弟去樓　阿倫雙淚獨咿嚘

秋風裏也　西望倚欄杆　千里一水萬里山　故鄉何處杳雲端　阿倫雙淚溼冰紈

（再續）

文苑

須歎

芬儂

鯫生年紀二十九風吹髭芽生滿口攬鏡自照笑且嘻茁壯眞如春初韭人生百年須臾耳曾幾何時竟如此一事未成老態增男兒那不感歎死拂袖倚劍笑問天古來英雄多少年我亦國民一分子曾讀血性書一篇大業安排難草草暮氣未若朝氣好旭日初升萬象迎秋風一噓天地稾寄語社會青年人同拭雙手挽乾坤絞盡腦汁費盡血莫等盈頭白如雪

戒纏足

萼子

陰陽翕以闢上帝將人造方趾而圓顱億形同此肖人皆父母心愛女忍女暴蠻蠻纏足風可恨尤可笑杞栁爲桮棬力將五指拗束之如溼薪層層緊爲要屨小欲截趾如筍求瘦峭血肉化爲膿皮膝皺作皰盈盈嬌穉女晝宵長號叫呼天呼父母疾

痛良堪悼舉足動須人如瞽煩引導世界多坦途常如旋泥淖行步不能尺懍若冰上蹈未曾闔闥出何罪乃屨校印度壓頭虐同此堪惱懊誰實作之俑千年競傚傚二萬萬婦女黑暗如獄窨嗚呼吾心惻欲寐夢已覺

惻惻復惻惻請言纏足弊足小人斯佳視之若成例爲富貴者婦妝飾儷倡妓縮手兩袖間婦功都拋棄冶遊倩人扶東跌復西躓偃坐不能立翳桑餓者類有時須臾立足底若芒刺時運偶乖舛牛衣空掩涕爲貧賤者婦衣食仰之壻井臼不能操耕織傭保替食衆生者寡家業成浪費健婦把犁鋤千人不一二嗤彼行顚顚未酒常如醉況將兩足束血氣都凝滯燕瘦病易生環肥脛易細衝任脈僨急子宮窄亦遂所以當孕卵未熟已飄蒂即或結子多淸骨亦柔胞既無偉大男復少强立氣今我國民弱未必不由是至乃亂離作言之更可畏寇暴一以來丁男四出避娉婷女子身欲飛愁無翅十里不能前悉爲足所累擄掠抑何慘反顏將賊媚豈無皜皜節亦坐待死至回憶纏足苦得勿淚盈袂常變兩無益纏之竟何謂奈彼禍水深滔滔今爲沴惓念此浩刼願言鼻則噎

浩刼雖難脫吾欲一帚掃歐美之佳人美哉多壯姣讀書知禮節格物窮搜討往往
愛國忱男子中亦少泰西日競强突乎由此道嗟吾支那人女子二百兆奈何不自
尊供人如花鳥不爭國恥雪乃爭足樣小吾國貧且弱前途未可保不見西子嬌吳
宮終爲沼不見非澳孼殺人如殺草後軫來何遒前車鑒宜早近代女權昌旭日初
破曉願吾社會人狂瀾力同矯放足如放生功德隆穹昊共期天國登勿爲妖魔嬲
女界有進步富强基已肇再將女學興文質一齊考文明潮愈高人格乃愈好優勝
而劣敗此理未可藐誰將慘獄門隻手爲推倒斬絕淫昏鬼喚醒庸俗腦同胞有同
志心香日拜禱長歌當號呼瘏[illegible]擗以標

聞友畢業聯隊入學日本憲兵練習所喜贈五絕

海外良朋勝弟昆別來心緒怕重論祇今一片團圞月曾照城西舊酒樽
黃葉西風故國秋中原時事話從頭江南江北佳山水併作新亭一淚流
全球法律崇盧孟亘古軍容肅管商如此眼前抛不得非軍非法兩茫茫
萬邦習慣不同看法海深深亦大難笑我當年偸讀律蓮花幕裏學申韓

武人政治斯巴達警察國家卑士麻理想不談談法律也能保護自由花

和慧眞女士參禪詩四首　芬儂

原來無着遇天親相對青燈雨夜昏到此儼然呈色相一個名士一美人
白蓮香裏小船開皓月當空映素懷我自與君攜手坐微聞四衆歎如來
此個月明幻與眞何來此果果何因楞嚴一卷商量久忘却松陰落滿身
無量歡喜無量哀却値靈山盛會開我對諸天猶揾淚剛曾慟哭蒼生來

七夕示慧眞　芬儂

絕世姻緣絕世情兩心脈脈一河橫是眞夫婦應如此一瓣栴檀月下盟
銀河皓皓靜無波現出鵲橋眞是魔喜得大家無障碍郎來爲妾理金梭
碧水盈盈恰生寒如此良宵虛擲難郎目喚儂儂不渡有人下界倚肩看
今宵幽會盼重尋相倚紫薇理素琴笑煞牛郎與織女慾河竟比銀河深

附錄

氣學微顯集

天行

弁詩

文體淘汰始見淸累累陳皮去必能蔡下亦知格物理何人爲助一花生行行字字戥下來斟酌俱別見新裁停筆忍冬不克下藏心半夏始全開筆經造化稱量艱大段文字費人參直禱高淸聽明悟工夫幾度洗金鹽書帶小詩詩須佳詩中天地見精華雲風月露間草菓於今黐來作大家文章留被他人删不如防已勾抹挖直到勾抹挖不去使君停想仔細看文心變化看莊蘇昌黎夏逸氣槪孤欲把輕薄動一語十年前巳笑廉夫風胡歐冶知何居自得天機自修書近士不堪談隻字筆將功德滿太虛虛空指揮世頓平舞畫的的有玄功書生游戲千變理能教後來貴儒生撥入淸虛是先天後來人事日安然樊英張楷差知我我是人中儒也仙世運書生

指顧回無人會得無人猜請君記取光復日有客著書道氣催騶衍吹律黍上見黍外元氣先滿縣即此何難世界清太和可催君應辨仔細用心催太和氣馭宇宙有訣歌虛空有氣皆清取底患水旱悍于戈他人不明轉氣法說到氣處空便嗟那知積氣變心血虛空動盪感國家積氣滯悶性不平剪取高廣日夜清和隨圓機邪散緊自有祥吉應象生

第九期

序言

人之言經濟言補苴錢穀費一生之心禮樂經累世之手乃至求禦水旱而不能人之言道學言心解空生兀坐私意之斬艾何苦古事致知耳目之見聞極寬乃至求謀糧柴之收而不克占卜者能知風雨而不能爲風雨與不占者何異祈賽者幸得雨晴而究非其能雨晴較不祈者失誣然則今之自命豪傑亦與庸愚同處必窮之勢而坐視之無如何也太平之世風不鳴條雨不破塊計一年之中每五次雨得十次風王者有德三臺平而風雨時誰不知之然此語囫圇不破無頭腦可尋無脈絡可指初不示人下手處使人望而茫然吾謂其中實有道法焉可以令陰陽和雨風

調年豐收遠邇安壽命長所以裁成天地之道輔相天地之誼者當非徒被袗衣所以變理陰陽寅亮天工者當非徒問牛喘所謂人與天地參爲三才通天地人謂之儒四時和謂之調玉燭其在是書乎

是書專言風雨之可以人力作爲讀者未之能測也。然明人魏呈潤徐光啓、謂水田可以得風雨。而董子繁露求雨之事甚詳東華錄載有以雷雨遺楔絞水立雨。近人言電火擊燒處、有硫磺氣、則以磺與楔同理。凡此、迹若奇詭。原其大旨不外以陰陽二者求之豈有他哉陰陽者天地之二氣也。升之下而受之上矣。起之微而應之類矣。豈曰吾明其不可爲。姑作術、以盡吾心、塞吾責耶。應者什一、不應者什九、應者適與遇耶。爲是說者、是不知陰陽之有氣氣之可以陰陽統故可以陰陽召制也不知其陰陽則物舉萬也知其陰陽則物只二矣且當其二者可合又止一矣何聞于天何杳於我今茲所言。不遵古法。專以人氣致之蓋人氣、細分之、亦有風電雲水之四者於先天卦。則三四五六之間。天地心神之用而人之部位也。以老少爲郭郛。而用其長中。於易旨爲暗以合者。道待人而行操此以過齊門識者尠矣由陰陽之理濟之實用兼推之學術而得主動之一宗實與古賢之戶樞不朽流水不腐及華佗人體喜得勞動一脈心傳絕不墮入二氏家數若其由知繹陰陽之理而自得多於聲光流電諸說可以資今人新學未備之解者又其末也

第一章　三才翕合之理

第一節　原命

麗宇宙者莫明于日月古謂之天目天以目視天下之形形色色天于是見人與物。人物之影、亦留于天目之中。惟善者、天見之焉。其惡者、天亦見之、而不欲常見焉。惟地抵夫天目之照。日光無所下去積而緣地以旁射于人。人之生也、稟日月而生也。生三日、睜目見天明焉。見日月之影焉。影入留於目中。是其初受天命時也。見之愈多。留之愈厚。天命愈固。人性愈靈。人體愈强。人生而不能聰明持行也。其見天明少也。長而暗窗中坐。終年不見風日。則其體弱。有不若商旅農夫之强也。迨其日不出。月不出則凡有目、亦不能見矣。遑言持行乎。行恐隕而物不知於何持矣。是其不受天命時也。私欲之生以汨理。由此闇生也。然則人有目。人不自爲主視也。待日月主其視也。其能視者、將謂目之光乎。謂日月之光乎。謂日月之光、瞽者何以有日月而不之見。謂目之光。昔何有日月而見、今何離日月而反不見耶。蓋必有其所以受天明之具、又有天明臨之、兩光線不能去一焉、相遇合以成宇宙之文明、猶之日能倒於水、不能倒于山、水能明於日、不能明於霧也、是光線也、人賴之以有覺、有能日月想亦有賴於人者、兩明相合而生三明、吾在日月下、望他物亦明、雖無目之物亦明其體、遠空亦明其界、是物與遠空得日月而明、而吾目亦有助焉、謂非三合線得乎空青淨明者、造化氤氳之始終也。無日月之會。遇水火星電、人亦見矣。影亦留焉。是其輔天命者也、水火、地有也。電、中空之有也。人受天命而亦受地命也、至於飲水饌火、使明氣入於腹而輸於目、以增明（乾濕空氣隨人呼吸者是）則其爲受地命更無疑矣、由一物之飲食、以至於漸漸飲食。取精多而用物宏、受地命也、多則氣愈多而體愈強也。人之老也、必漸漸先不能進水火、見日月而後老也。失其所以受者、而天地亦不能命之也、然而雖有受之之具、其受之也亦屢舍屢進、漸而後習、習而後入、入而後融、不然、初生兒、終日置烈日中則死矣。飲懊之以多水火。亦死矣。饑者得大飽。不死亦癡。如弱人不受峻補且以漸如鏡映光而明。使置火中、則反作。只遠對之可矣。嬰兒之待乳也。待父母而後生身也是其人命者也乳之則待命於乳母也飼之教之、則待命於君相師長朋友也皆其人命者也言之添我理於心動之長我氣於身增聰溢明。廣智滋辯。聚精會神。非水而亦沁非火而亦溫非日月而亦載光氣以照我扶我也其自添自長而聰明智辯精神之自得者尤其不藉三者而自爲己命者也而亦由合三命爲一命來也或命非所命如但受星光而不受日光受乳母之照而不受君子之照則爲受小命而未受大命矣若去燈而就螢火去君子而就小人則直受僞命而已矣若去光明而就夜色去人類而就無人之域則無以命也受天命而後能用天氣接天氣受地命而後能用地氣接地氣受人命而後能用人氣接人氣是其所以參三才之根理二氣之柢而並爲他人命者也

第九期

第二節　原氣

天之上地之下無非空虛者人之生也憑空虛而生也空虛之中實天地之和氣所藏此氣亦日隨四時晦明、以生以變。如春麥而秋禾朝菌而夕歡者。淡而實有所以

養人。天地室瀘。其空虛之郭郛重郭郛也。一夕不郭郛。不可矣。然而一息不空虛。一息無空虛之氣。則不得其所以爲生。天下不空。天不能下施於地。地上不空。地不能上接於天。室廬不門戶。則不可以出入。不空則不可以居人。所謂實者虛之耶。空虛之中。二氣行焉。人交受之。是亦以兩合爲三合也。有兩氣以生三氣。而氣之積而發也、爲風。厚者發大聲焉。有天求地者也。有地求天者也。有人事之相求者也。有無求而有著者也。有人之衝動天地者也。有天地之感動人者也。蓋空之中、任氣以行焉。皆能抵其實而止。待其相交而成造化之功。則亦無異其爲天氣也。地氣也。人氣也。人旣兼天地之氣。則爲子者。亦必能兼父母之靈氣矣。所謂虛者實之耶。惟空斯出聲。聲不在空虛之中。則不能聲也。其空而能容聲者。是天地山谿室磬之耳也。而人耳亦屬焉。耳之聽物。連空、亦成三角線。然聲之實、尤不若氣之實也。聲一放而不返。而氣能返。待其氣各歸於其舍。本乎天者親上。本乎地者親下。本乎人者親人。收斂神功。寂若無也。空自空也。氣自氣也。未可以爲一也。及其氣之盈於上。盈於下。空皆氣也。氣滿空也。不見所爲空也。放之彌六合也。此氣也。實與實之相交而空不與焉

第九期

故空而無氣則賴於明。又無明也則爲晦。空晦空逢而陰生。凡氣將近金石處。直是一味剛冽。天金而地木。金石之體也。當其日不到處。則極寒。只有赤道常温。地土木之體也。當其水不到處皆極煖。只有山水常清。半空中是温凊交處。若淨明晦風雲、是三光之燭映。與三氣之烝騰也。天地間有光影流行。是以有氣之濃淡專雜。淨明淨晦。雖非日風雲。其中尙有微氣在。但非大氣也。三光氣無時不出。然或欲交而不能至不能塞。滿乎太空。亦以漸焉。漸而至而後大交。若不依旬。而穀既稿而始雨田已沈而始晴。則炭與寒皆歸無濟。其不旬者。炭深閉寒。寒深閉炭也。炭化寒而不至。寒化炭而亦不至也。人得天地之中。故氣無爲寒與炭而爲暖與凊出其暖或凊者。以助天地大交之氣而祛其所偏阻。故貴也。人之盛靄斂之若無。而放之亦盈乎太空。人之隆風靜之日消。而動之亦感乎萬籟。天有日霄。而地有水火。是淨明晦風雲所自生。人受日霄而享水火。宜其盛也。人以温凊爲心。而天地亦不常寒不常炭。必雜炭於寒。雜寒於炭。而使之温凊焉。以生物是温凊者、天地之心也。故人最感乎天地良由其爲心。人偏炭而偏寒。是心缺也。而天地之氣斯儆矣。人之元氣盛者。有大寒以制大炭。有大炭以制大寒。而收兩氣天地之全精。非日用常温常淸之物也。小溫便淸。小淸便温。夏不敢冲熱。冬不敢飲凉者。尤其養之元氣小矣。故量力以置養。有以偏得和者力所能盛。而故減之。則反不和矣天地體大而氣候長或以四時以百日以一旬一晝夜方爲温淸量力置養以養元氣與人物人物體小而氣候短必不能以四時百日爲温淸也少炭焉而即需雜寒以養之矣故天地方寒而人則寒中置炭方炭而人則炭中求寒每反焉而道乃成無他體之大小氣候之長短不同也。亦有炭氣多而反陰。燒雲成汽過也。寒氣多而反晴。冷歸其質。汁不出也。亦或於天地爲雨晴之中。而於物候爲過不及者逆及之令從我道乃成此時惟以風爲用神也風爲摩盪之要物能摩盪得光與汁出來予有句云道在不寒不暖間乃處人之道也亦脩生之道也

第三節　原炭交水水交炭

目鏡也。日月、亦同鏡也。同氣相求。兩鏡相照。則愈明。以身之鏡、而日磨以天之鏡。吾鏡之明。不可勝用也。以天身之鏡。日新磨以吾之鏡。而天鏡之明。當亦不可勝用也。

二鏡並以晃物不定所得於流光圈圈者閙而有挪（原有圖）則物之受光。應接不暇。而心緒橫生發氣消影。忙迫不過。如人之入玻璃市、看燈火棚也。人身者人生而自有之天地也。人目者、生而自有之日月也。非日月、亦不能禁受日月不消而新磨日月。若過日下。立月中者。於新磨鏡也。猶一晃隨廢而已。鏡亦烏能爲之發其光彩涵照萬象哉。陰陽風雨者。日月之氣之靈、交於山水之靈也。爲風也和。雨也甘。然而日月不磨則光不發不能下電線於山水山水亦不能廻線於日月之下亦有線自山水動者爲山水氣發發、則上氣線於日月之下而日月因廻電以及之山水一交再交焉此皆坎離交映而夫婦也。此線從夫婦動。亦在人事一撥撼也。人人之撥撼者。上下夫婦之良媒。而圖書兩對所鬲之中五也。使地有山水。而天無日月。世間有雨乎。當有雨耳。使天有日月。而地無水。則世間安從得雨。雨非自日月中來也。然而有日月之雨。爲光雨日月。下光於水。將水摩成熱瀛。應之循光線而上。又人目承日月。先得者光線。天壤空氣得此。如靈機一撥。便爾自遠不可止。如原空中、原有水寒氣。自然隨鍊成雨。如無則須得少時。（原有圖）光氣線爍透。空氣開。及天地著於山水。山水循光線而又上及高空旁及地面。爲風線雨線由多一折成勾勢故緩由光生氣氣應光光光光氣光色磨盪往來又逼撥化燭氣色退而後通融也。至於風和雨甘。流陣依旬新磨之用盡焉。若雲水不盛時。所緣光者淺。則視之所承聚者止炭氣線。邵子云、離在水則生火則死也。使朝夕看雲水。則山水之氣亦能與目爲一氣氣影藏入人目中見日月化氣而外散於天地之閒道路相習亦能召牽循以來謂之水雲氣線也目、本水晶鏡也。水、亦鏡也。山石皆可作鏡。山、亦水氣也。雲、茶鏡墨鏡也。兩鏡相求。故古之看山水人者即古之致風雨人也。其功大矣。而人未之知。亦光氣摩盪力也。由看日目內寸許聚得光火點又將此火點瞵世故牽長日線而晴由看雲水聚得山石水點又將此點瞵世故牽山水線而陰此水火鏡、能射破空路成空淨空明而日雲因緣之然看山又不如看雲之易也

第四節　原平氣

天有日霄地無日霄有其水火水火、地之血脈元氣也。明亦具焉是地之二目也。猶之天有日霄也。賴與日霄相磨。日霄賴之。亦彌明焉物之生成於水者。未嘗不用火

之氣。地、水與土相平而火少。然不遺火以爲造化也。火本無形。地平上空中無形者。皆火氣也。由五行中、火與土最近而土所生者、凡火之然、皆然是也。皆火料也。而月亦非日對也。日行霄、而氣不合之者也。月者日之照氣而合於霄氣者也。五星者、日之流神也。列宿者日之相氣也。并四者以抵霄氣。益之以暑明之天漢。而猶有不勝焉。天火少也。見天之下火、而謂火多。猶見男子之上氣、而謂氣多。不知天缺于火。男子缺於氣也。地、木、水之子。金、水之母。河水之流、湖井、水之瀦。并四者以求水。又益之以涼潤之砂石。而水猶不足焉。地缺水也。見地之出水。謂水多。猶見婦女之血出。謂血多也。不知地缺於水。婦女虧血也。人不火食能生。不水食不可。由空乾中皆火料也。固尤當先意日火之摩盪與內服之潮水氣者。然後持平焉。菓蓏之生。受日月候也。不足不服茶飯之盛。吃水火力也。不盛不服。不日不月。非水木之物。不服。彼其得風日力滿。水木意足。而吾服之。又發之以暢元氣。盛發於四肢。故可以召外閒光氣改易濁祲。與造化者參也。天方火盛也。而水倪露焉。故缺於月。出於辰地方水。水盛也。而火倪露焉。故涸於空氣。積於煤。惟人參之。令適平也。月愈離日愈明。火爍水也。

河　南

近日愈缺。水消火也。至於兩弦。則水火平矣。愈近山海愈溼。水浸火也。離山海愈炕。火燠水也。至山海湖陸之中。則水火平矣。人劑日霄而觀之水火而服之則身亦平矣。調日山而交之水陸而會之則世亦平矣。半空、爲天地之中。至半空、而天地之寒暑水火亦平矣。人固兼天高地下不棄而自有其空者中者平者矣

河内縣同志錄

第九期

序

怪哉西人稱我中國曰散沙曰散沙斯言也吾甚惡之而不能免然試思吾國人民果有如是之實而西人始加此符號於我也則吾當脫骨換胎以雪吾斯號之恥抑彼西人狂悖謬妄強加此侮言於我也則吾當枕戈寢戟以報告斯言之怨而無如我四億同胞竟漠然置之視吾輩之榮辱若越人之肥瘠焉則亦無怪乎西人以散沙目之也非特此也當此熱溜湍激過度不穩之時代大羣競爭鯨吞蠶食並爭則並存不爭則無立足之地豈容彼無愛力無團體狀如散沙之民族所得竊佔一粒土哉故大地摶摶國以數百小近者無論論其大且古者則希臘亡矣羅馬蹶矣印度墟矣埃及滅矣波斯不振而殘喘突厥已爲西歐人俎上肉矣溯其原因何一非彼等民族愛力乏絕團體不鞏之故歟從可知散沙之民族不能再生存於地球之上也乃不謂吾黃炎子孫五千年文明古國之民族覩前車之覆而不知鑒戒億萬

人而億萬心作此散沙之狀以爭爲亡國之續也且縱不鑒於他國曷亦反躬自鑒耶我國自與外人交通動輒失敗數十年間賠欵七萬萬割地者八喪屬國者三他如內地權利爲外人所壟斷者尤不勝殫述推其失敗之由豈盡外情不達槍礮未精之故歟是皆人心散渙之所致也當我與日本失和明治八皇尙慮日中之不敵伊藤博文建議謂中國雖大十八省一千數百縣猶之一千數百國其大不足懼也究之兩國對壘我軍僅一直隸人與之相持而尙無萬衆一心之概卒致全軍覆沒盡如伊相所言則吾之所以失敗與外人之所以輕視我侮辱我憑凌而侵削我者蓋可知矣然既輕視矣既侮辱矣既憑凌而侵削矣若彼之貪心既足略弛刼靱使吾猶得立國於地球之中生存於世界之上者則猶可說也而無如彼之經營規畫不遺餘力方逞其眈眈之視逐逐之欲必欲使我四千餘萬方里之土地盡入彼之虎狼口中而後已則恐殘山剩水終非所有而吾四億同胞亦不知命在何時也嗚呼散沙之害既如此其極吾黨少年尙不翻然醒悟力圖振作脫吾散沙之沙之舊骨換吾固結之新胎養吾愛力樹吾公德化吾私見平吾忿氣使吾四萬萬人而

一志貫穿結爲死生不解之團體以維持吾國家恢復吾土地救吾同胞之生命乎然吾土地之大。人民之衆。積習之久。驟使之若是。非有熱心之士提倡而鼓舞之。立議會以表同情。以聯同志。推小以致大。由近以及遠者。不能也。今歲孟春。旅汴王君慕松高君德階董君怡霞賀君鏡吾張君恩祐劉君春艇徐君慕姚諸熱心之士。深憂國事之不靖。民生之凋蔽。皆由於團體不鞏之故。爰邀同志集於泌陽。於月之十日開吾邑全體大會。是日羣士畢至。少長咸集。抵掌而談。莫不心心相印。慕松等諸君出簿册一。凡表同情者。均將其姓字籍貫職業書於其上。名曰同志錄。付之梓人。凡我同志手各一册。使之不時觀覽。即不時生其愛力而起其團結之心。諸君之用意深矣。圖見之不禁踊躍鼓舞而歎。以爲雪散沙之恥。報散沙之怨。庶有望焉。夫有羣則存。無羣則亡。羣大者勝。羣小者敗。非獨今時爲然。自古不易之定理也。折一矢易。折十矢難。商周之不敵。吾輩所素聞也。吾輩不幸而生於今日。人各自私。離心離德。受侮於東。見逼於西。浸浸乎爲亡國之奴矣。又幸而生於今日。得諸熱心之士提倡之而鼓舞之。鳩異爲同。職疏爲親。有再生地球之望矣。吾願吾同志顧名思義。勿以名書於册即可謂之同志也必也精神相聯絡意氣相貫注患難相與共顛危相扶持如吾所謂死生不解之團體者斯不愧爲同志也且同志非獨利於某人之一身一家也而常生對敵之關係故凡屬同國同種不可有彼疆爾界務體諸君之熱心擴而充之由縣而府由府而省而國安能使白種子孫獨稱天之驕子哉戊申二月上浣忝列同人殖黃子趙鵬圖謹識

姓名	字	年歲	住址	職業
王雲	香谷	六十三	卜昌寨	
栗文藩	介仁	六十二	楊香村	
王青選	子萬	五十八	清化	新選安徽英山縣知縣
黃自強	穀甫	五十二	柏香	柏香蒙養學堂教員
司定堂	升甫	五十二	貴屯	蒙養學堂教員
張紹緯	星吾	五十	北朱村	蒙養學堂董
高命釗	勉之	五十	清化	蒙養學堂教員
王在岐	棲鳳	四十七	柏山	

第九期

[illegible]				
謝官俊	魯卿	四十七	府城	蒙養學堂教員
杜道生	春亭	四十六	馬營	高等小學堂教員
關會	聯伯	四十六	東鄉村	
郜蔚川	秋航	四十六	貴屯	兩等小學堂教員
劉燮梅	爾羹	四十六	東關	肄業北洋法政學堂
蕭德音	秩甫	四十二	府城	高等小學堂教員
張佩文	經青	四十二	北朱村	鄭城高等學堂教員現充河內縣勸學所總理
閃同文	書傭	四十二	清化	蒙養學堂教員
陳熊飛	渭濱	四十	府城	中學堂書計
郭復祖	義夫	三十九	仝	
楊貴鷟		三十九	崇義	蒙養學堂教員
楊可雲	祥五	三十八	仝	蒙養學堂教員
柴覲光		三十八	徐保	肄業單懷學堂
賀揚志	銳卿	三十八	許良	初級小學堂教員
殷紹南	汝舫	三十八	新店	初級小學堂學董

河南

李道仲	壽軒	三十八	王村	肄業初級師範學堂
楊在山	鎭五	三十八	高村	肄業懷慶府師範學堂
楊子俊	灼三	三十七	中里村	初等小學堂學董
何其訓	惺廷	三十七	清化	高等小學堂教員
毋泉清		三十六	蘇家作	
焦琴材	雨桐	三十六	焦谷堆	
李在濱	慕濤	三十六	崔莊	
呂生陽	調甫	三十五	西莊	肄業貴屯師範講習所
楊子傑	漢三	三十五	中里村	鄭城高等小學堂監學
王廷蕙		三十五	白炭窰	
司以信	實甫	三十五	司莊	
史元炳	星若	三十五	史莊	
趙立本	卓如	三十五	新村	肄業覃懷師範
宋懷澄	靖夷	三十五	西陽邑	
許祖光	華臣	三十四	泗溝	勸學員

第九期

郜文昭	雲章	三十四	郜兩水	肄業覃懷師範學堂
趙登俊	毓秀	三十四	貴屯	初級小學堂教員
賀復來	穄厚	三十四	聶村	肄業貴屯師範講習所
劉文聚	星五	三十四	仝	肄業貴屯師範講習所
岳鳳梧	棲齋	三十三	清化	初等小學堂教員
陳立仁		三十三	蘇家寨	肄業貴屯師範講習所
賈　鑄	復顏	三十三	府城	
張春舫	晴帆	三十三	清化	鄭城高等小學堂教員
孫繩武	祖蔭	三十三	東鄉	
李光前	榮先	三十三	李鹿宿	
趙守仁	敦甫	三十三	貴屯	蒙養學堂教員
楊畢然	峻峯	三十二	崇義	高等小學堂教員
李春融	晴軒	三十二	金村	初等小學堂教員
宋景灑	少潛	三十二	金塚	
宋松江	岷源	三十二	仝	覃懷師範學堂肄業

董曈	笠樵	三十二	府城	
璩世臣	樹勳	三十二	北山	
高慶站	篤臣	三十一	清化	勸學員 現任鄭城高等小學堂教員
郜鳳梧	岡山	三十一	泗溝	蒙養學堂教員
張昴之	修吾	三十一	北朱村	蒙養學董
王文翰	樸東	三十	卜昌寨	
張瑞棻	香圃	三十	朱村	蒙養學堂教員
陳元吉	世傑	三十	蘇家寨	
張懷珍	聘之	三十	下期城	肄業覃懷師範學堂
廉廣心	愼吾	三十	唐莊	
劉文化	舞階	三十	西仲水	
劉步韻	子賡	三十	史村	高等小學堂教員
王筱軒	竹溪	三十	清化	就館卜昌
徐元之	慕姚	三十	府城	肄業省垣高等學堂正科
毋紹勳	鼎臣	三十	孫家作	蒙養學堂教員

第九期

劉鴻賓	來九	三十	沙灘園	肄業覃懷師範學堂
毋祇堂	承齋	三十	蘇家作	蒙養學堂教員
毋藍田	金臣	三十	仝	
毋紹班	漢卿	三十	仝	
毋殿崇		三十	仝	肄業貴屯師範講習所
趙子幹	事貞	三十	賀村	仝上
魏長祥	瑞卿	三十	貴屯	仝上
張生祿	天申	三十	下期城	仝上
張玉麟	瑞書	三十	下期城	仝上
和存初	葆眞	三十	和莊	仝上
趙守貴	子珍	三十	貴屯	仝上
劉紹章	煥文	三十	盧橋	仝上
史伯傑	漢三	三十	貴屯	仝上
沈樂山	靜齋	三十	沈鹿宿	仝上
魏守泰	安甫	三十	廣濟屯	仝上

河南

楊海南	鯤圖	三十	楊莊	
程鵬	鯤南	三十	西金城	
賀蓮棠		三十	下水磨	
劉生桂	香山	二十九	盧橋	肄業貴屯師範講習所
劉恒濟	春艇	二十九	崇義	肄業中州法政學堂
簡愼修	敬之	二十九	莊頭	肄業省垣陸軍學堂
賀石銘	礪吾	二十八	許良	肄業京師法政學堂
楊在汝	臨清	二十八	高村	肄業覃懷師範學堂
劉維亞	柱東	二十八	史村	肄業省垣第二師範簡易科
張陶然	鎔齋	二十八	張莊	肄業覃懷傳習所
宋保極	建五	二十八	金塚	肄業覃懷師範傳習所
張九嚋	錫之	二十八	橋溝	肄業省垣巡警學堂
王廷槿	慕松	二十八	清化	肄業省垣第一師範學堂
呂富文	多甫	二十八	高村	肄業初級師範學堂
辛成事	在秋	二十八	南尋村	

第九期

賀伯恭		二十八	下水磨	
王維綱	錦韜	二十八	卜昌	前游歷日本
程啓文	燦卿	二十八	西金城	
吳保安	竹軒	二十八	保方村	
王振清	蔚堂	二十八	府城	肄業覃懷中學堂
張其性	養初	二十八	北西侗	沁陽小學堂教員
王捷三	仲舒	二十八	府城	勸學員
楊宗時	中屏	二十八	史村	肄業省垣高等學堂
魏龍光	瞻斗	二十八	北西侗	蒙養學堂教員
王履端	序初	二十七	府城	肄業省垣巡警學堂
田晟	旭東	二十七	清化	
賀新銘	鏡吾	二十七	許良	肄業省垣法政學堂
陳全天	養眞	二十七	蘇家寨	肄業省垣巡警學堂
郭步雲		二十六	苗莊	
張維新	煥然	二十六		

河南

張海川	匯卿	二十六	朱村	蒙養學堂教員
陳子茂	墨齋	二十六	西良仕	肄業省垣第一師範學堂
賀懷棟	松生	二十六	解住村	肄業覃懷中學堂
李鳳梧	文山	二十六	後李村	
張性怡	樂天	二十五	大位村	肄業覃懷中學堂
張廷槐	芳三	二十五	大位村	肄業師範傳習所
趙居敬	敷五	二十五	趙莊	
靳發中	子和	二十五	十三里店	肄業省垣陸軍學堂
張席珍	聘之	二十五	南朱村	肄業省垣優級師範學堂選科
張烝韜	署三	二十五	本城	肄業初級師範學堂
陳璽	節齋	二十五	清化	肄業覃懷中學堂
吳蘭芬	槐蔭	二十五	府城	肄業省垣第二師範簡易科
王守堂	拙齋	二十五	卜昌	肄業上海中國公學
賀城	乘孚	二十五	聶村	隨營學堂
毋仰之	景山	二十五	蘇家作	

第九期

楊永年	壽臣	二十五	楊莊	
魏以德	惟一	二十五	廣濟屯	肄業貴屯師範講習所
張體斌	文苑	二十五	馬莊	仝上
梁國鈞	翰臣	二十五	梁莊	仝上
毋世英	國典	二十五	南西尙	仝上
程道正	德中	二十五	西陽邑	仝上
郜清浚	子哲	二十五	貴屯	仝上
張延年	益壽	二十五	仝	仝上
郜鳳管	翼臣	二十五	仝	仝上
趙振鏞		二十五	仝	仝上
蘇華堂	芳灼	二十五	下期城	仝上
程景川		二十五	西陽邑	仝上
韓立綸	經亞	二十五	西王封	上海中國公學現化科畢業生
李光暹	旭初	二十五	南張茹	
侯樹屏	翰卿	二十五	侯卜昌	肄業貴屯師範講習所

河南

高自明	徧堦	二十五	清化	肄業省垣第一師範學堂優級選科
孫耀祖	詒謀	二十五	史莊	
張思典	愼五	二十五	北朱村	中學堂肄業生
王廷柱	砥隅	二十五	清北	肄業天津巡警學堂
竇汝霖	雨山	二十五	許良	
賀鼎銘	鑄九	二十五	許良	肄業河北中等蠶桑學堂
宋蓮溪	選靑	二十五	金塚	
王潤芳	鞠村	二十五	王莊	肄業覃懷中學堂
董昞	怡霞	二十五	府城	
郜雲川	呈五	二十五	貴屯	蒙養學堂敎員
林祥風	吉甫	二十五	清化	肄業河北中等蠶桑學堂
楊允中	紹唐	二十五	崇義	肄業覃懷中學堂
申登雲	漢梯	二十五	方山	
張俊英	式甫	二十五	常平	
關凌雲	漢艇	二十五	新店	

第九期

唐全忠	行恕	二十五	唐莊	肄業省垣巡警學堂
李應剛	健齋	二十五	清化	商水縣高等小學堂教員
陳永昌	旭卿	二十四	西良仕	孟縣高等小學堂教員
毋翼之	戴宸	二十四	蘇家作	留學日本
王靖方	懿文	二十四	清化	肄業覃懷中學堂
李楹	柱臣	二十四	府城	
曾銳	進吾	二十四	仝	
范曉山	桂隱	二十四	新店	肄業省垣巡警學堂
徐安之	慕瀾	二十四	府城	蒙養學堂教員
李振江	蓉橋	二十四	杉鹿宿	肄業覃懷中學堂
宗復林	翰卿	二十三	府東關	
雷春	雨田	二十三	城內	
郁作桂	庭芳	二十三	府城	肄業覃懷傳習所
楊濟漂	靜波	二十三	史村	肄業陸軍學堂
范雲官	瑞卿	二十三	府城	

河南

劉樂道	德甫	二十三	上莊	肄業覃懷中學堂
王澤普	潤周	二十三		
畢滋霖	潤生	二十二	西宥	肄業高等學堂
毋銑	鼎臣	二十二	蘇家作	肄業覃懷中學堂
李峻峯	子奇	二十二	李鹿宿	蒙養堂教員
程長馨	祝黃	二十一	西陽邑	肄業覃懷中學堂
牛文定	兆庠	二十一	莊頭	
梁兆祺	壽卿	二十一	梁鹿宿	蒙養學堂教員
梁國棟	柱臣	二十一	仝	初等小學堂教員
毋畯田	厲臣	二十一	蘇家作	肄業京師豫學堂
曾鐸	警吾	二十一	府城	肄業上海中國公學
王法堯	嗣堂	二十一	趙莊	肄業高等小學堂
原愼綱	佩三	二十一	清化	初等小學堂教員
毋輔之	弼臣	二十一	蘇家寨	肄業省垣陸軍學堂
王世棟	良材	二十	王莊	肄業省垣師範學堂

第九期

李鵬飛	搏青	二十	府城	肄業懷慶師範傳習所
何子厚	博齋	二十	馬坡	肄業覃懷中學堂
皇甫玉堂		二十	東張茹	肄業覃懷中學堂
韓統一	宇臣	二十	西王封	肄業覃懷中學堂
張傑三	履夫	二十	北尋村	
孫玉珂	鳴遠	二十	東金城	
徐耀堂	光廉	二十	城內	
陳書勳	銘彝	二十	陳鹿宿	蒙養學堂教員
羅興雲		二十	府城	
鄒瑞林	吉甫	二十	仝	肄業覃懷中學堂
張振卿	相卿	二十	北金村	
李文炳	杲若	二十	仝	
郎鴻翮	昇甫	二十	府城	肄業覃懷中學堂
湯聘伊	莘農	二十	仝	肄業覃懷中學堂
劉鍾勰	心撰	二十	東關	

河南

趙鵬圖	南野	二十	貴屯	兩等小學堂敎員
毋介如	覲臣	二十	蘇家作	肄業陸軍學堂
司秉正	彝齋	十九	貴屯	肄業覃懷中學堂
王德懋	仲昭	十九	府城	
王廣德	惟一	十九	土谷屯	
孫鳳桐	琴亭	十九	東金城	
程從鳳	瑞岐	十九	西陽邑	初等小學堂敎員
張繩錫	恩祜	十九	府城	
李杜	詩圃	十九	崔莊	
毋瑤光	崑生	十九	蘇家寨	肄業天津官立巡警學堂
陳成桂	香齋	十九	西良仕	肄業湖北海軍機關學堂
于在藻	子魚	十八	新莊	
郭兆鴦	鳳鳴	十八	唐莊	
蘇玉	溫如	十八	清化	肄業鄈城高等小學堂
程作樞	拱宸	十八	仝	

附錄

辛世安	敬之	十八	南尋村	
王履階	升庭	十八	府城	肄業省垣陸軍學堂
司元緯	星五	十八	司中道	肄業省垣北倉小學堂
徐貫之	慕曾	十八	府城	肄業省垣高等學堂
張九思	愼之	十六	橋溝	肄業省垣北倉高等小學堂
郝敬安	愼修	十六	義溝	肄業貴屯兩等小學堂
郜清風	子穆	十六	貴屯	肄業貴屯兩等小學堂
郝振亞	沼歐	十六	義溝	肄業貴屯兩等小學堂
趙振夏	杜華	十五	倒槐樹	肄業同上
邱維亞	靖東	十五	蘇家作	仝上

來函

河南靈寶縣怪狀

靈寶怪狀頗形複雜今就刻下現象略述之

(一)官界現象

(甲)分縣陶鳴道官此二十六年三次被參均經運動開夏每回任後益形無忌茲將其事迹列表於下

(乾)賊出公門　如文典永舖號被竊賊人護于分縣之外室贓又出自該衙之廁中

(項)賭博生涯　如虢鎮常年賭棚每棚每日收不五百文鄉村各會每棚每日收不六百五十文

(艮)建議弭兵　鎮兵十六名舊分縣管轄此欵金呑共針呑銀三千七百二一

十二夊

（震）紅不發達　每案貢不五仟五百文名曰紅不現由錢改銀又進至雙紅錢双双紅錢等數

（巽）勒索商人　每年各行支差貨物大宗如麥五十石炭二萬斤灰二千四百斤其外如猪肉掛麵白菜等不可枚舉

（離）官民結親　其女公子受邑人荆圖祥之聘其子聘李昌善女又王姓女

（坤）特別巡警　分縣大堂爲巡局巡兵能得盛就在大堂夜賭其他可想

（兌）脂粉生涯　放賬生息而出入用其太太辦交涉言伯脂粉餘資

（乙）把總彭得發本伯裁撤人員經劣紳稟留日以搖灘爲生活聚賭者恆數十人其惡擢髮難數茲將其事迹列左

（金）總娶動民爲妾　總娶縣城後營村李某之女爲妾

（木）縱匪殃民　關鄉縣捉案捕賊把總藏匿不發拌帶其爪牙几欲動手

（水）攬詞訟　受自潤白艮三十夊保其官詞必贏

（火）禍民虐商　古驛村爲過鹽渡口把總收鹽路不每裝四十文每年共計約三四百串現聞包艮二百兩

（二）兵界現象

南朝村管帶陳維友與其兵橫行事蹟列表如下

（子）違背軍律　操演始終無有每日游歷戲架挑淫婦女

（丑）奸淫婦女　營長陳維友欺淫李成祥之妻營兵徐自得總奸秦明儒之女

（寅）大開賭場　每日在營中設立常年賭局營兵董某誘王珠子數人賭博

（卯）違禁吸烟　營兵何永貴鴉片成癖毫無忌憚該營中不吸者者一人

（辰）剝民起家　薛六潤霸占孟桂實水磨一座串賣於營長陳維友價不六十仟

（已）放土漁利　營長陳維友每年麥年敢不一百或八十反麥絞索土一匁營兵趙同升敢不八十串約七八百兩

（午）鎗擊良民　該兵手持洋鎗勦石炭溝村王某家擊死王某之子並一將其

財產器具一掠而空

（未）通匪勒索　解州士客某被刀匪圍困該兵力索不五十仟始護送過境

（申）會通刀匪　營兵侯得勝與匪首黃占奎因盧氏縣捉拿孔亟爲陳維友分贓艮一百兩遂匿于該營中不出後買馬逃去又該兵侯得勝偕匪刦奪被盧氏縣令獲拿監禁後匪以千餘金贖侯得勝之罪盧氏縣令不允並且將侯得勝置于死他以致匪類大怒遂聚同類數百人顯報憂盧官聞之擬告退而火禍亘殃不伊于胡底矣

（酉）普收賭稅　閿邑會塲以及四鎮各大村庄賭棚每棚該營收錢四百五十文

（三）紳界現象

巨紳陳其昌子俊素與陶彭稱密秘交前曾爲陶急力隱諱惡蹟詆學界至非人類近又因南朝村兵弁及把總彭等惡蹟均經我輩查確縣令王漢目即欲撤換該兵弁並囑二陳辦地方自治伊大言兵弁雖惡與該學界毫無干涉何得過問況學

界所查兵弁串通刀匪賭博等事更屬無謂兵不通刀匪不能辦事嫖賭乃土人所誘與兵弁無涉王令聞其說又改變宗旨現在彭把總與陳營帶益肆橫行又串通刀匪三百餘人盤踞于靈盧之間而南山一帶道路爲之梗塞而邑人又有一夜十驚之悸怖噫一官一賊一紳一賊一兵一賊岌岌殆哉今日之靈邑大禍將成也危哉危哉

此北洋五學堂共函。姓名在社。俱有印章。附。

濟令破壞學務之劣跡

濟源縣令舒某。夙以老頑稱。歷任南召鞏縣。皆因仇視新政。沮撓學務。撤任。戊申春撤權濟篆。濟邑旅汴學界。耳其名。公禀上憲。拒之。不知伊如何運動。竟達目的。蒞任後。將前任戴令籌畫要政。胥極力破壞。於學務尤甚。一切喪心病狂之語。聞之令人噴飯。初至濟。道出林林。村名。假該處小學堂休憩。見堂上黑板問曰、此何用。旁立者答曰。備教員上堂書寫之用。舒蹙然良久曰。何不各自伏案誦讀。胡爲上堂。到署後。越日往官立小學堂。詢教習曰。學生分數。用稱稱乎。用枰枰乎。某教員不能答。一時傳爲笑柄。又謂學生體操。便服即可。安用短裝以效洋人。夏間奉提學使札飭。謂濟邑學務。經戴令辦有成樣。祇得改良。勿得退化。舒勃然怒曰。濟邑有人控我矣。吾雖頑固。吾不能昧吾天良。使人家青年子弟。盡墮入學堂敗途。舒槪如此。而邑內惡劣紳士。乘間窃起。與之狼狽爲奸。大破壞。而濟邑學務。遂不可問矣。凡前時已立之學堂。停辦者十有八九。其籌議設立者。均作罷論。甚至學堂門牌。被人搗毀。而舒則以應此是辦學者應當之報酧。無知愚民。素昔本不樂辦學。得此頑官劣紳之鼓吹。一唱百和。莫不視學堂如仇敵。而一二熱心志士。勢寡力孤。不得不退居閑散。刻下勸學所、教育會、均已解散。其他種種貪汚殘酷之劣跡。亦夏罄筆難書。茲不過其端而已。

案縣令仇學。所在多有。顧鮮如舒某之芒者。兩次撤任。猶不悛改。吾不知學界何怨。何仇。於爾而爾必如是破壞之也。況復任之舉。不知勞幾何運動。費幾何金錢。殆克奏効。嗟爾頑奴。不爲學界計。獨不爲爾之錢財計乎。噫。亦太愚矣。此等民賊。一日不去。即一日爲民大害。移此就彼。其毒民不曾少減。吾不解河南大吏何愛於彼而不能棄之不用也。然舒某之仇學。既已彰彰在人耳目。彼職任省視學員。亦不聞有一言之報告。謂之何哉。噫。

第九期

女報社章程

一 本報以提倡中國女學扶植亞東女權爲宗旨

二 本報發行謹遵欽定報律辦理編輯體裁悉仿東西各國雜誌

三 本報論著不分門類後分 科學 教育 家庭 社會 實業 文藝 談叢 小說 雜錄 專件 戲曲 紀載 尺素 衛生顧問 人事活斷等門文字雅俗並行以便不甚通文理者亦得購閱

四 本報置社長一人總編輯一人撰述員無定額校對一人庶務書記一人會計一人東京事務所經理一人均盡義務不支薪水

本社除自行撰述外廣收來稿凡臨時惠稿者選登後即以該期報奉酬（懸賞徵文不在此例）逐月寄稿者認爲義務贊成員有能隨時報告女學情形女界新聞者認爲本社調查員一律送報

六 本報月出一册每册二百頁左右插畫十餘頁每月望日發行每年出十二號臨時增刊多寡無定

七 本報以廉價行爲目的每册售大洋三角豫定全年三元二角半年一元七角郵費另加（中國日本郵便均經認可）郵劵代用概作九折計算

八 凡經售本報者十份以上八折三十份以上七折五十份以上六折報資按期豫匯欵到寄報

九 本社除發行本報外更就力之所及編輯各種女學教科參考各書亦不越本報宗旨之範圍

十 本報定於巳亥正月望日發行第一號以後按期出報決不愆期

上海福州路永康里 電話三三二
女報社

日本東京牛込區鶴卷町九番地
女報社東京事務所

四、(學校紀事)凡各學校揭示、規則、試驗表、紀事等件詳細揭載

五、(商會公件)大阪、長崎、橫濱、神戶各中華會館及華商總會一切文件紀事

六、(領署公牘)大阪、神戶、長崎、橫濱各大清領事館一切關於華商文件詳細畢載

七、(學務顧問)愛讀諸君如關於學界一切事件無論學校、監督處、會館、同鄉會凡有疑問者本館皆可代為函詢詳答報端以通上下之感情

八、(郵便報知)本館已與東京大阪神戶各郵便總局商妥此後凡華人住址不明之信件概將姓氏抄錄本報以備本人走領不致有遺失之虞

九、(自由通信)凡日本各旅館、下宿、料理店、運送局等處如對於華人招呼不週、規則不善、有種々不相宜者可函知本館必為登報

十、(懸賞餘興)本報每月特設懸賞欄備贈彩件以感發讀者之興情

●本報內容

一、論說(社說、短評、來稿) 二、日本要聞 三、中國大勢(殖民政策、民變消息、學界風潮、以及一切最易激動腦筋之事) 四、學界紀事(大阪、長崎、橫濱、神戶等處) 五、監督處批 六、使署公布 七、會館紀事 八、學校紀事 九、學務顧問 十、自由通信 十一、小說 十二、詩文苑、十三、雜俎 十四、演藝界 十五、游覽案內、十六、新書批評 十七、領署公牘 十八、商會文件 十九、華僑紀事 二十、日本商情 二十一、中國商情 二十二、插畫以上各門按期必備五日出版風雨不更

●價目……每月前金參拾錢 半年一元六角 一箇年三元 郵費每回半錢

●如蒙 贈閱請裁此紙寄至東京神田猿樂町二十一番日華新報經理局

定報單

今願定閱
貴報一份 自 月 日起 箇月務乞
照送並請派人照章收取報金為要
年 月 日
日華新報社御中

住所	姓名印

售報價目表

全年	十二冊	二元
半年	六冊	一元一角
零售	一冊	二角

郵費外加

廣告價目表

期限	一頁	半頁
一期	六元	四元
二期	十一元	七元五角
三期	十五元	十一元
半年	卅元	廿一元五角

廣告取次所　河南編譯部

東京代派所

全神田駿河臺　中國留學生會館
全神田神保町　中國書林
全　三省堂
全　富山房
全猿樂町　錦堂

牛込早稻田　三友堂
今川小路　振華書局
南神保町　羣益書社

西歷十二月十五日印刷
中歷十一月二十日印刷
西歷十二月二十日發行
中歷十一月廿七日發行

編輯兼發行人　武　人
東京市神田區中猿樂町四番地
印刷人　藤澤外吉
東京市小石川區大塚窪町壹番地
編輯所　河南編譯部
東京府北豐島郡巢鴨村九八七番地
發行所　河南發行所
東京市神田區中猿樂町四番地
印刷所　秀光社
河南省城內西大街路北
內地總發行所　大河書局

震旦公學招生廣告

一 本堂住址在青島芝罘街
一 本堂自四月開班學生二十人按其原有程度編爲高等預科
一 本堂擬定伏假後續招學生兩班甲師範乙普通班
一 普通班年在十六歲以上二十五歲以下文理明順者爲合格
一 師範年在二十二歲以上三十五歲以下爲合格
一 學費每月英洋二元分四季繳納每三個月繳納一次膳費雜用自備
一 普通班學科促身經學國文倫理數學德文英文歷史地理理科法制經濟圖畫音樂體操
一 師範班學科倫理教育心理論理歷史地理理科數學法制經濟圖畫音樂教育行政管理法體操
一 膳宿棹張由本堂預備
一 師範班一年畢業通班三年畢業由本堂發給畢業文憑
一 報名期限自六月初一日起至八月初五日止報名處青島芝罘街本堂內
一 凡入堂學生必有介紹書或舖保方可
一 每班足二十人即行開班
一 學生如有普通程度者即編入高等預科
一 學日期議定中歷八月十五日
詳細章程須向本堂取閱

明治四十一年三月十四日第三種郵便物認可（每月一回五日發行）
明治四十一年十二月二十日中歷三十四年十一月二十七日發行